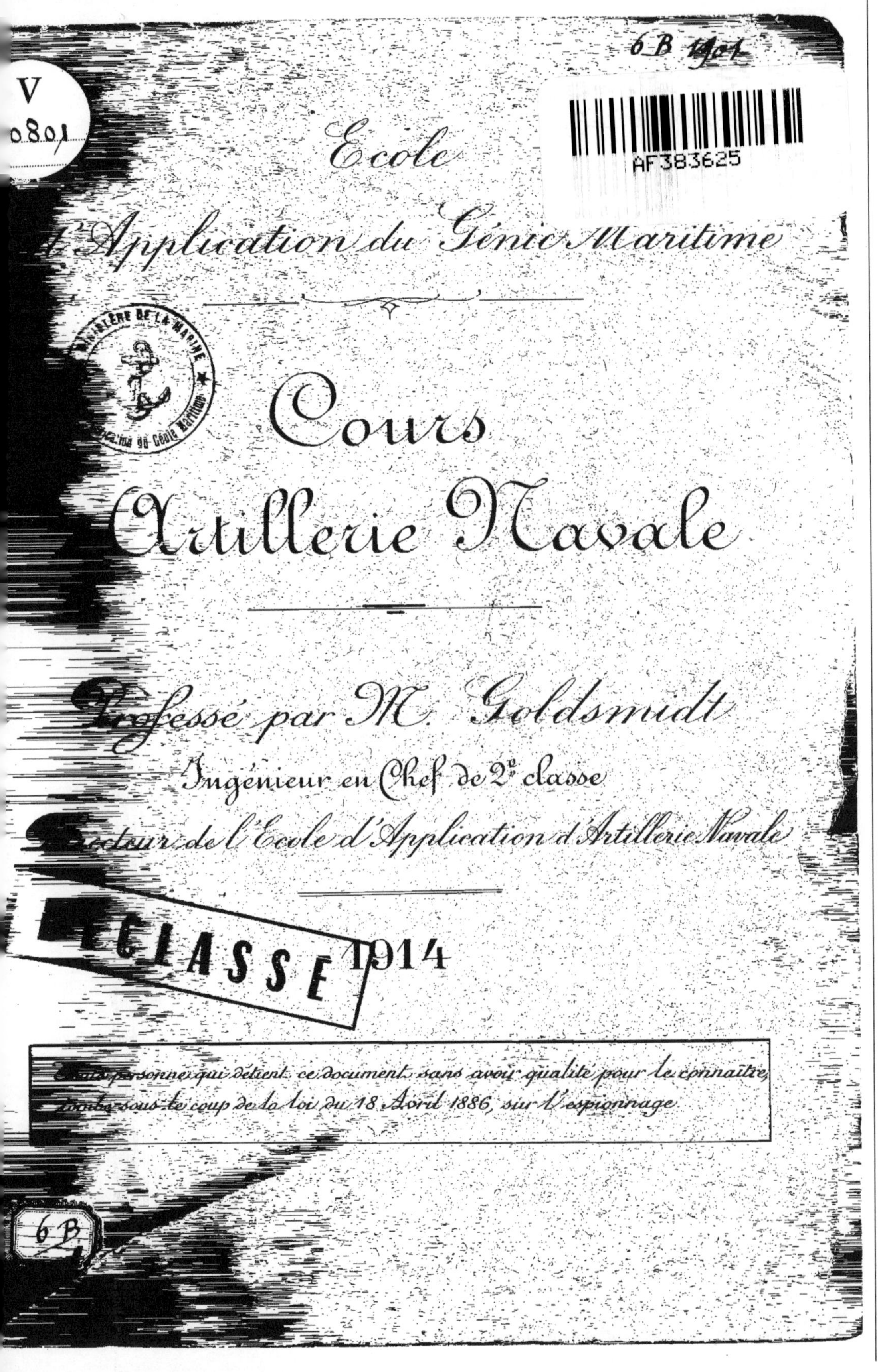

Ecole
l'Application du Génie Maritime

Cours
Artillerie Navale

Professé par M. Goldsmidt
Ingénieur en Chef de 2e classe
Directeur de l'Ecole d'Application d'Artillerie Navale

CLASSE 1914

Toute personne qui détient ce document sans avoir qualité pour le connaître, tombe sous le coup de la loi du 18 Avril 1886, sur l'espionnage

École

d'Application du Génie Maritime

Cours
d'Artillerie Navale

Professé par M. Goldsmidt

Ingénieur en Chef de 2ᵉ classe

Directeur de l'École d'Application d'Artillerie Navale

1914

Chapitre I

Notions préliminaires

Historique Sommaire

§ I - CANONS ET PROJECTILES - AFFÛTS.

§ II - HISTORIQUE SOMMAIRE DE L'ARTILLERIE NAVALE.

Causes principales auxquelles sont dûs les progrès - Adoption de la rayure; chargement par la culasse - Amélioration des poudres - Progrès de la métallurgie.

§ III - LIMITE DE LA PUISSANCE BALISTIQUE DES BOUCHES A FEU.

Usure - Augmentation du calibre - Rapidité du tir - Précision du tir.

§ IV - NOMENCLATURE DES PIÈCES EN SERVICE DANS LA MARINE.

Artillerie (1er Cahier)

INTRODUCTION

Pour obtenir la mise hors de combat de l'adversaire, ce qui constitue le rôle de l'Artillerie, l'outil dont on dispose est le projectile qui transporte sur le but une certaine quantité d'énergie sous les deux formes suivantes: force vive et explosif.

Mais il ne suffit pas de posséder un projectile pouvant fournir cette quantité d'énergie, il faut encore que le matériel permette un tir suffisamment précis et rapide pour obtenir l'effet utile recherché.

C'est en vue d'obtenir cet effet utile que toute l'organisation de l'Artillerie doit être conçue. Il serait donc logique, s'il s'agissait de créer un matériel d'artillerie, d'étudier d'abord les effets des projectiles et d'en déduire de proche en proche les conditions à imposer au matériel et aux munitions, mais le but de ces leçons est autre et nous ne pourrons pas suivre ici cette méthode; nous nous bornerons à examiner successivement les questions principales en faisant ressortir au fur et à mesure leurs liaisons entre elles et avec le but recherché.

Nous donnerons au préalable quelques notions générales et un rapide aperçu historique.

§ I ....

§. I - CANONS - PROJECTILES - AFFÛTS.

<u>Canon et projectile</u>.- Les anciens canons étaient en fonte, se chargaient par la bouche et présentaient une surface interne unie; ils tiraient un projectile sphérique dont le poids en livres définissait la bouche à feu.

C'est ainsi que l'on appelait canon de 30, la pièce tirant un boulet rond de 30 livres, le diamètre intérieur, ou calibre, de ce canon était de 164 $^m/_m$ 7.

Actuellement, les pièces sont toutes en acier et présentent sur la surface interne des rayures en hélice; elles se chargent par la culasse, et tirent des projectiles ogivo-cylindriques. Ces pièces sont définies par leur calibre, c'est-à-dire par le diamètre de la partie rayée mesuré entre deux cloisons opposées - saillies séparant les rayures.

Le poids des projectiles tirés par ces canons est très supérieur à celui des boulets spériques de même calibre (plus du triple). Ce poids, rapporté au cube du calibre de la pièce, est une caractéristique d'un modèle d'artillerie. Dans cette caractéristique $\frac{P}{a^3}$, p est le poids du projectile en kilogs, a le calibre de la pièce en décimètres.

L'expression pV^2, dans laquelle V est la vitesse en mètres du projectile à sa sortie du canon (vitesse initiale), est dite énergie balistique du projectile, c'est à une constante près la force vive initiale.

Le canon comprend, à partir de l'arrière, un écrou formant logement de la culasse - pièce de fermeture -, puis un logement pour le système d'obturation, la chambre à poudre de diamètre légèrement supérieur au calibre (rapport au plus égal à 1,2) et la partie rayée séparée de la chambre par un tronc de cône de raccor-

dement. Le nom d'âme est donné à la capacité intérieure du canon,
la longueur d'âme se mesure de l'avant du système d'obturation à
la bouche - extrémité antérieure - de la pièce; elle s'exprime en
nombre de calibres.

La charge complète comprend le projectile et la charge
de poudre; celle-ci est contenue soit dans une ou plusieurs enve-

Fig.1

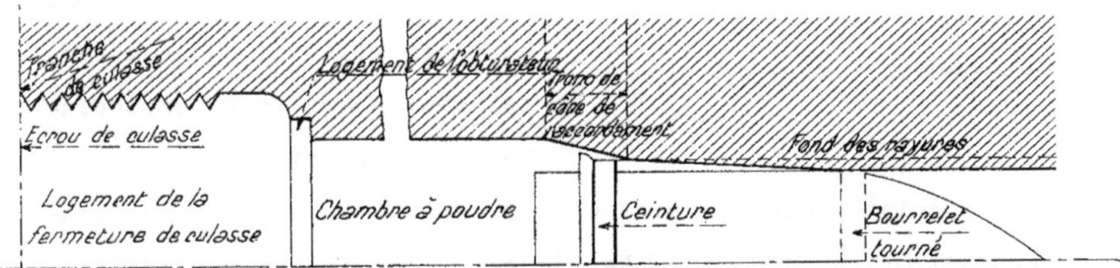

loppesen serge constituant les fractions de gargousses, soit dans
une douille en laiton avec ou sans adjonction de gargousses.

La mise de feu se fait au moyen d'une étoupille, artifice
qui est vissé à l'arrière de la douille ou qui se loge dans une lumière, canal ménagé à cet effet dans l'axe de la culasse.

Les projectiles sont de diverses espèces: obus de rupture, de semi-rupture en acier pour le combat, boulets ogivaux en
fonte pour les tirs d'exercice. Tous sont de forme ogivo-cylindri-
que et munis à l'arrière de ceintures en cuivre qui, au chargement,
viennent s'appuyer contre le cône de raccordement; au départ du
coup ces ceintures s'incrustent dans les rayures hélicoïdales de
l'âme, ce qui produit le mouvement de rotation du projectile en
même temps que son forcement, la ceinture formant obturation vers
l'avant et s'opposant à tout passage de gaz.

<u>Affût</u>.- Les anciens affûts étaient en bois et constitués
simplement par deux flasques reliés entre eux par un sommier; au

départ du coup l'affût reculait en glissant sur le pont; le mouve-

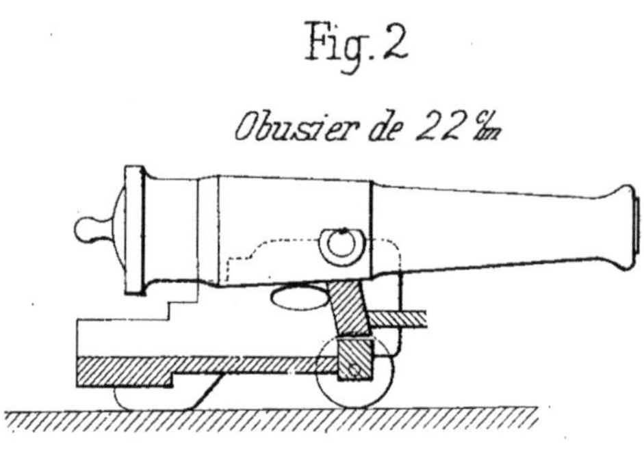

Fig.2

Obusier de 22 ᶜ/ₘ

ment était amorti par l'emploi d'une brague, gros câble passé dans des manilles fixées à la muraille et replié sur lui-même; la rupture des liens réunissant entre eux les divers replis absorbait la force vive du recul. Le canon reposait sur son affût par deux tourillons perpendicu- laires à son axe.

Actuellement on peut se représenter le support du canon, entièrement métallique, dans les deux types principaux d'affûts, à chassis et à berceau, de la manière suivante:

1°) Affût à chassis - Le canon présente deux tourillons par lesquels il se repose sur un affût dont les flasques glissent ou roulent au recul sur deux longerons métalliques reliés entre

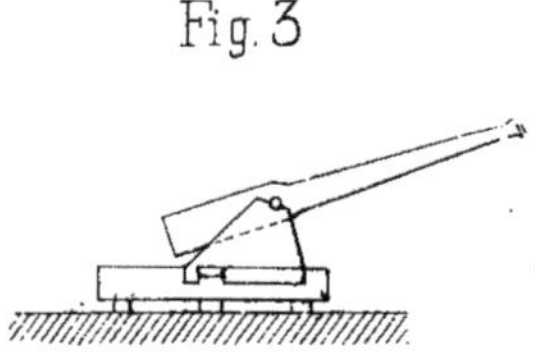

Fig.3

eux et constituant le chassis (fig. 3); un frein interposé entre l'affût et le chassis limite le recul, un or- gane spécial appelé récupérateur ra- mène la pièce à la position de tir - en batterie - dès l'achèvement du recul.

2°) Affût à berceau - Le canon, non muni de tourillons, coulisse au recul à l'intérieur d'une pièce qui constitue le ber- ceau et qui repose par des tourillons sur deux flasques verticaux entretoisés (fig.4). Un frein interposé entre le canon et le ber- ceau limite le recul, un récupérateur ramène également la pièce en batterie.

Fig. 4

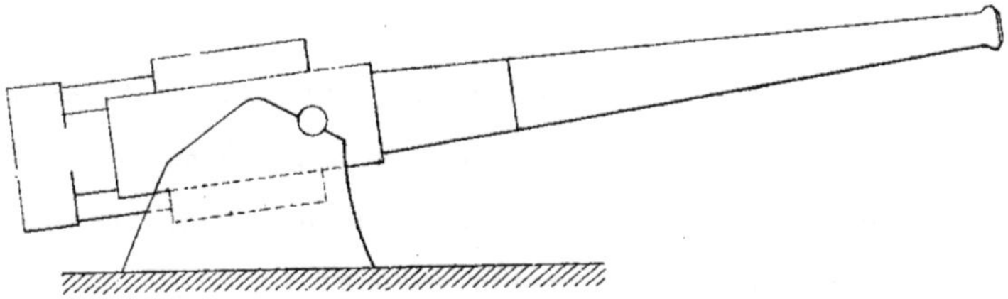

Pour les pièces non en tourelles, le chassis, ou le support de berceau suivant le cas, est relié à la plateforme fixe par un pivot autour duquel il peut tourner.

On peut ainsi, en faisant tourner l'ensemble autour du pivot amener l'axe du canon dans l'azimut voulu et en faisant tourner la pièce ou le berceau autour de l'axe du tourillon, donner dans cet azimut, à l'axe de la pièce, l'inclinaison voulue. Ce sont ces deux mouvements qui constituent, le premier, le pointage latéral ou en direction, le second, le pointage vertical ou en hauteur.

Pour les pièces en tourelle, le chassis ou le support de berceau est fixé à la plateforme et le pointage latéral s'effectue en orientant convenablement la tourelle.

----

§ 2 . . . .

§ II _ H I S T O R I Q U E   S O M M A I R E

Le premier navire cuirassé a été la "GLOIRE" mise en chantier en 1858 sur les plans de Dupuy de Lôme.

Dès lors à commencé toute une série d'études ayant pour but d'augmenter la puissance des canons.

Depuis cette époque un pas énorme a été fait par l'artillerie,il est dû essentiellement aux causes suivantes.

a) l'adoption des canons rayés qui date de la guerre de Crimée;

b) le chargement par la culasse qui date de 1864 et que la Marine Française a été la première à adopter;

c) l'amélioration des poudres et notamment la découverte des poudres colloïdales (poudres B)

d) les progrès de la métallurgie.

Examinons rapidement le rôle de chacune de ces améliorations:

a) **Effet de la rayure**. L'adoption de la rayure a permis l'emploi des projectiles oblongs,qui animés d'un mouvement rapide de rotation conservent une bonne tenue sur leur trajectoire ;ces projectiles subissent de la part de l'air une résistance beaucoup plus faible que les boulets sphériques,la vitesse se conserve mieux.

En outre,avec les anciens canons à âme lisse le tir était très incertain,par suite du "vent" ou du jeu existant entre l'âme et le boulet,les gaz exerçaient sur celui-ci,à la sortie du canon, des actions latérales très variables et,d'autre part,le projectile ricochait dans l'âme à sa sortie;ces inconvénients ont disparu complétement dans les armes rayées,ainsi que nous le verrons,et le tir est devenu très précis,même aux grandes distances.

b) **Chargement par la culasse; forcement.** Les premières pièces rayées se chargeaient par la bouche;le projectile était guidé par des ailettes qui se logeaient dans des rayures leur servant de directrice,le vent subsistait,bien qu'atténué et la direction de l'axe du projectile à sa sortie n'était pas certaine.

Le chargement par la culasse a permis d'avoir des projectiles toujours bien mis à la même place,(ce qui est important pour obtenir un effet régulier d'une même charge de poudre) mieux tenus et forcés;la suppression du vent n'a d'ailleurs pas été utile seulement pour la précision du tir,mais aussi pour la conservation des armes,auxquelles les jets de gaz à température élevée et sous les énormes vitesses dues à leur haute tension étaient très préjudiciables .

En outre,l'adoption de la culasse a eu pour effet de faciliter singulièrement le service de la pièce.Avec les canons bouche, il faillait rentrer complétement les pièces,pour les charger,à l'abri de la cuirasse destinée à les protéger,ce qui causait une perte de temps considérable.

c) **Amélioration des poudres.** Pour se rendre compte des progrès réalisés de ce côté,on n'a qu'à considérer le canon comme une machine à imprimer de l'énergie au projectile.

Supposons tracé le diagramme ayant pour ordonnées les pressions exercées par unité de surface sur le culot du projectile en chaque point de sa course;ce diagramme est O A B, la partie A B correspondant aux pressions à partir de l'instant ou toute la poudre est brûlée est une courbe hyperbolique assymptote à la droite portée à gauche de l'origine à une distance représentant,à l'échelle,le volume de la chambre à poudre;son ordonnée maxima est la pression maxima exercée par les gaz;

L'aire de ce diagramme mesure le travail développé sur le culot du projectile et ce travail est égal au total aux trois éléments suivants (Fig.5)-force vive du mouvement de translation du projectile $\frac{\mu V^2}{2g}$,

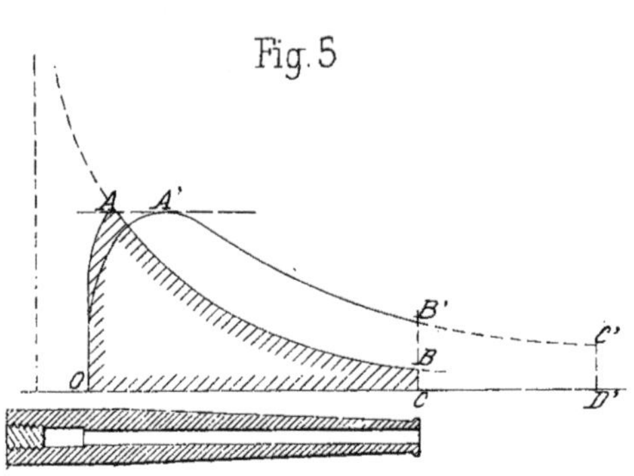

-force vive du mouvement de rotation,négligeable devant la précédente,car elle est à peine les $\frac{5}{1000}$,

-enfin,pour les projectiles à ceinture,travail de forcement, qui est egalement négligeable devant le premier terme

On peut donc considérer l'aire O A B C du diagramme comme mesurant sensiblement l'énergie balistique μV^2

D'autre part,si pour le moment nous supposons les pressions unitaires exercées sur la culasse égales à celles exercées sur le culot,les ordonnées de la courbe donneront la pression supportée par les différents de l'arme.Avec l'ancienne poudre au salpêtre,qui était très vive,le maximum de pression était très rapidement atteint et la chute était très rapide;après un parcours relativement court,le projectile avait emmagasiné la presque totalité de l'énergie fournie par l'explosion;les canons était courts,gros sur toute la longueur de la chambre et peu épais à l'extrémité.Pour accroître,avec un projectile donné,l'énergie μV^2 ,sans augmenter la pression maximum,il fallait une poudre brûlant plus lentement ; avec une poudre plus lente "poudre progressive" ,le projectile à effectué un certain parcours dans l'âme,avant que toute la charge soit transformée en gaz,la pression maxima est atteinte plus tard et la courbe ainsi obtenue des pressions unitaires en fonction du chemin parcouru,passe dans sa partie descendante beaucoup au-dessus de la première;pour une même longueur de parcours,on aurait un travail très supérieur,mais,en outre,la pression étant beaucoup plus élevée à la fin de ce même parcours,on peut utiliser un parcours plus considérable,allonger l'arme et recueillir finalement un travail tel que celui du diagramme O A' C' D'.

On voit ainsi le rôle considérable du progrès de la poudre

Dans les premiers canons rayés,en employant des projectiles allongés,plus lourds à calibre égal que le boulet rond,on avait constaté que la vitesse tombant de 550^m à 300^m;ce résultat était inévitable puisque le travail de la poudre restait le même dans le canon lisse et dans le canon rayé,l'énergie balistique μV^2 ne pouvait pas varier sensiblement.Par le perfectionnement des poudres au salpêtre on a pu arriver à une vitesse initiale de 600^m avec des longueurs d'âme de 30 calibres(le canon de 30 avait de 16 à 17cal) et on a pu augmenter l'énergie balistique dans le rapport de 1 à 3,3 relativement à l'ancien canon lisse.

Avec les poudres colloïdales,on a atteint pour le modèle 1887,800^m de vitesse et 45 calibres de longueur.

Le tableau suivant qui résume les transformations successives du même calibre 164 $^{m}/m$ 7 — ancien canon de 30 — fournit une image très nette des progrès accomplis:

Tableau........

Canon de 164 ᵐ/ₘ 7.

	Poudres		Longueur d'âme en calibre	Poids proj. p	Charge ϖ	$\dfrac{\varpi}{p}$	V_0	$p\,V_0^2$ tonnes mètres	Énergie balistique par tonne de canon
Canon de 30 âme lisse	ancienne poudre noire		16,2	15,^{k}1	5^k	1/3	550^m	4850	1550
16 rayé culasse 1864			19,2	45	7,5	1/6	365	6000	1200
——— d° ——— 1870	poudre au salpêtre progressive	Wetteren	21	45	18	4/10	543	13400	2680
——— d° ——— 1884		brune	30	45	19,3	3/7	600	16200	3240
——— d° ——— 1887	poudres colloïdales	BM$_3$	45	45	13,7	3/10 env.	800	28800	4280
——— d° ——— 1893-96		BM$_9$	45	55	19,8	3,6/10	865	41000	5050
——— d° ——— 1893-96 M		BM$_{10\,et\,11}$	45	55	20,7	3,7/10	900	44500	5500

On remarquera la variation du rapport du poids de la charge de poudre au poids du projectile;de la charge du $1/3$,charge maxima de l'ancien canon lisse,on tombe d'abord à1/6,le poids du projectile ayant triplé,puis le poids ne changeant plus,le rapport crôit,passe aux4/10,puis à 3/7et avec la poudre B,plus puissante que la poudre au salpêtre,il décroît pour revenir aux environs de l'ancienne proportion;dans cet intervalle,de 1864 à nos jours,l'énergie balistique a été presque décuplée.

    d) Rôle de la métallurgie.- Dans ces transformations successives le rôle des progrès de la métallurgie a été aussi fort important,car ces progrès ont permis d'accroître de plus en plus la résistance de la bouche à feu;celle-ci,partie du simple canon de fonte,est devenue un ensemble d'éléments d'acier fournissant,avec le minimum de poids,la résistance nécessaire.A ce point de vue le rapport de l'énergie du projectile au poids du canon montre bien les progrès successivement réalisés dans l'utilisation du même poids de métal pour l'amélioration des poudres et des matériaux de construction.

Il est d'ailleurs intéressant de faire ressortir que les progrès de la métallurgie profitaient en même temps à la cuirasse. Ils ont d'abord permis d'obtenir des plaques plus homogènes,plus épaisses et de poids plus considérable:des plaques de fer de 10 et 12 % de la "GLOIRE" qui pesaient 2 tonnes seulement,on était arrivé en 1876 à des plaques de fer de 55 % pesant plus de 20 tonnes.Puis on a substitué aux cuirasses de fer des plaques d'acier ou compound avec des épaisseurs un peu moindres et enfin avec les plaques cémentées,encore plus résistantes,on à réduit à nouveau l'épaisseur jusqu'à moins de 30 % dans ces dernières années.Un mouvement dans le sens de l'augmentation se dessine d'ailleurs à nouveau en ce moment. On peut dire en gros que les épaisseurs de fer et d'acier fournissant la même résistance à la perforation par le même projectile sont dans le rapport 3 à 2,et que le rapport est à peu près le même quand on passe de l'acier ordinaire aux plaques haroeyées,soit,grosso-modo, un rapport d'épaisseur de 2,25 à 1 en passant des plaques de fer aux plaques modernes.On voit alors que depuis le cuirassement des navires,le canon et la cuirasse ont traversé des phases analogues que résume le diagramme ci-après. (Fig. 6)

On y a mentionné,d'une part à chaque étape,le calibre du canon le plus puissant du modèle français et sa vitesse initiale, d'autre part l'épaisseur de cuirasse des ceintures de navire avec la qualité du métal caractérisée par la valeur approximative du rapport λ de l'épaisseur de fer équivalente à l'épaisseur du métal employé.Le calibre et l'épaisseur de cuirasse atteignent leur maximum vers la même époque;la vitesse initiale croît d'une manière continue jusqu'au modèle 1906 oùpar suite de l'augmentation considérable du poids du projectile,la vitesse est un peu réduite,elle recommence à croître ensuite,l'alourdissement du projectile ayant été légèrement réduit dans les modèles suivants.

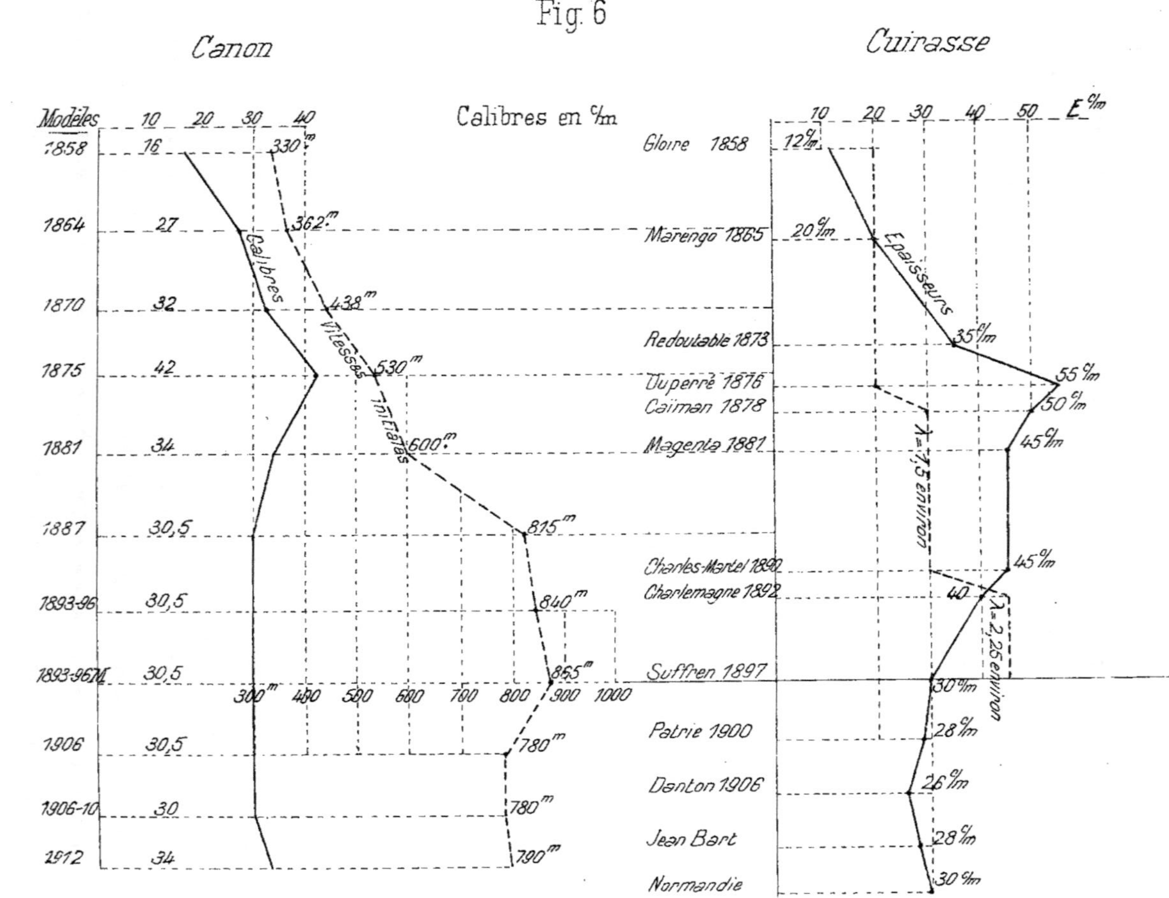
Fig. 6
Canon
Cuirasse
Calibres en %m
Modèles 10 20 30 40
1858 16
1864 27
1870 32
1875 42
1881 34
1887 30,5
1893-96 30,5
1893-96 M 30,5
1906 30,5
1906-10 30
1912 34
Calibres
Vitesses initiales
330 m
362 m
438 m
530 m
600 m
815 m
840 m
855 m
780 m
780 m
790 m
300 m 400 500 600 700 800 900 1000
10 20 30 40 50 E %m
Gloire 1858 12 %m
Marengo 1865 20 %m
Redoutable 1873 35 %m
Duperré 1876 55 %m
Caïman 1878 50 %m
Magenta 1881 45 %m
Charles-Martel 1890 45 %m
Charlemagne 1892 40
Suffren 1897 30 %m
Patrie 1900 28 %m
Danton 1906 26 %m
Jean Bart 28 %m
Normandie 30 %m
Epaisseurs
λ = 1,5 environ
λ = 2,25 environ
14

Obus à explosifs puissants.- En dehors des progrès considérables réalisés au point de vue de la justesse du tir et de la puissance de perforation,il convient de signaler le chargement des projectiles en explosifs puissants,tels que la mélinite.

Amélioration des affûts et des freins .- L'augmentation de force vive imprimée aux projectiles exigeait des améliorations simultanées dans une autre partie du matériel,dans les affûts;il fallait augmenter la résistance des affûts et perfectionner les freins pour qu'avec un recul limité les réactions du tir ne deviennent pas excessives,l'emploi des freins hydrauliques a permis de résoudre cette partie du problème et l'on a pu faire des affûts avec lesquels on arrive à réduire le recul à des longueurs moyennes de 2^{cal} 5.

Rapidité du tir .- La rapidité du tir a été augmentée pour les gros calibres,par l'emploi de moyens mécaniques mis en usage à bord pour les manoeuvres dont l'exécution exigeait des efforts considérables;on a d'abord employé les appareils hydrauliques qu'on trouve encore sur des navires en service,les appareils électriques leur ont été substitués.Les appareils hydrauliques tendent actuellement à remplacer ces derniers.Dans tous les cas d'ailleurs on doit pouvoir suppléer au besoin ces moteurs par une manoeuvre à bras,plus lente nécessairement .

Les conditions à réaliser pour obtenir la rapidité du tir sont les suivantes:

Chargement rapide,

Conservation du pointage,

Rentrée automatique en batterie,

Rapidité du pointage,

Nous verrons dans la description des installations à bord

par quels procédés on est arrivé à accélérer le chargement des pièces de gros calibres.

Pour les moyens et petits calibres,on dispose la charge de poudre dans une douille métallique qui,dans certains cas,porte également le projectile,l'emploi de ces douilles chargées en cartouches complètes munies de l'étoupille abrège les opérations.Des mécanismes spéciaux permettent l'ouverture et la fermeture automatique de la culasse.

Pour la conservation du pointage,l'appareil de visée a été rendu indépendant du recul et le pointage s'effectue d'une façon continue même pendant le chargement.Des récupérateurs ramènent automatiquement la pièce en batterie.

Enfin les affûts sont étudiés de manière à réduire les efforts de pointage,les poids sont autant que possible équilibrés par rapport aux axes de rotation.Pour les pièces de gros calibre, des commandes électriques de pointage sont entre les mains des pointeurs,toutefois le pointage peut s'effectuer entièrement à bras.

<u>Précision et justesse du tir</u>.- Le pointage est effectué au moyen de lunettes (de grossissement 3 ou 5)portées par des appareils de visée qui constituent des instruments de précision.

Des appareils de mesure de distance et de conduite du tir permettent d'augmenter la justesse et par suite l'efficacité du tir dès l'entrée en action .

Enfin pour l'entrainement du personnel du pointage,les bords disposent d'appareils spéciaux,comportant des cibles à déplacement sinusoidal qui placent les servants dans des conditions d'exercice aussi voisines que possible de la réalité.

§.III - LIMITE DE LA PUISSANCE BALISTIQUE DES BOUCHES A FEU.

L'augmentation de la puissance balistique des bouches à feu présente un gros intérêt au point de vue de la perforation des cuirasses.

En effet, a étant le calibre en décimètres, V la vitesse au choc en mètres, p le poids en kilogs du projectile, l'épaisseur en décimètres $\mathcal{E}$ de l'acier ordinaire traversé, est donnée par la relation

$$p V^2 = \overline{1530}^{\,2}\ a^{1,5}\ \mathcal{E}^{1,4}$$

la puissance de perforation est donc mesurée par le rapport $\dfrac{p V^2}{a^{1,5}}$.

Pour un calibre déterminé **a**, on ne peut augmenter la puissance de perforation qu'en augmentant l'énergie balistique restante $p V^2$, ce qui peut s'obtenir:

1°) Par une amélioration des poudres rendues plus progressives;

2°) En augmentant les pressions au tir.

Des expériences récentes ont montré en effet qu'on pouvait construire des bouches à feu capables de supporter en service courant, des pressions bien supérieures aux pressions actuelles, mais on rencontre de ce côté un obstacle beaucoup plus grave que celui de la résistance, c'est l'usure des bouches à feu.

Usure.- Le phénomène de l'usure des bouches à feu constitue en effet actuellement, un obstacle des plus sérieux l'accroissement de puissance de l'artillerie navale. Toutes les tentatives faites dernièrement dans le but d'augmenter les vitesses initiales ont pratiquement échoué, par suite de l'usure rapide des parois du canon tirant à forte charge.

Cette usure est telle qu'en Angleterre et en Amérique la durée des canons de 30 c/m est actuellement limitée aux environs de 125 coups à charge de combat; il est juste cependant de faire observer que les poudres anglaises à la nitroglycérine ont un pouvoir érosif supérieur à celui des poudres à la nitrocellulose telles que les poudres B.

En France, les résultats ci-après ont été observés avec un canon de 30 c/m:

Après 170 coups: perte de vitesse 10^m perte de pression 80^k,
Après 275 coups: --------d°-------- 20^m --------d°--------200^k,
Après 325 coups: --------d°-------- 45^m --------d°--------275^k,

cela, en augmentant la charge progressivement de façon à maintenir constante la densité du chargement, c'est-à-dire le rapport du poids de poudre au volume du chargement. A charge constante les diminutions de vitesses et de pressions seraient plus sensibles.

Pour un canon de 16 c/m tirant à charge constante, dans les conditions de combat, les pertes de vitesses et de pression ont été les suivantes:

Après 303 coups: perte de vitesse 6^m3 perte de pression 97^k,
Après 500 coups: --------d°-------- 16^m6 --------d°--------263^k,
Après 707 coups: --------d°-------- 25^m8 --------d°--------302^k.

Pour un 47 m/m tirant dans les mêmes conditions, on a constaté:

Après 320 coups: perte de vitesse 8^m9 perte de pression 165^k,
Après 520 coups: --------d°-------- 11^m7 --------d°-------- 146^k,
Après 820 coups: --------d°-------- 18^m3 --------d°-------- 226^k,
Après 1255 coups:--------d°-------- 29^m9 --------d°-------- 462^k.

L'usure ne diminue pas sensiblement, dans les gros calibres, la précision du tir. Son principal inconvénient, au point de vue de la conduite du tir à bord, est de modifier la portée des pièces, dans des proportions d'ailleurs différentes suivant le calibre, et par suite de rompre l'accord des différents calibres entre eux et avec le télémètre.

La question de l'usure des canons et des remèdes à y apporter est donc d'une importance capitale au double point de vue économique et militaire, car au cours de tirs à charge de combat l'usure cause, non seulement une réduction notable des vitesses initiales, mais encore parfois une diminution sensible de la justesse du tir.

L'usure se manifeste principalement sous forme d'érosions localisées au voisinage de la naissance des rayures et s'étendant aux régions parcourues par le projectile avec une faible vitesse et sous les pressions les plus fortes. Le point de départ de ces érosions, d'après M. Vieille qui a fait une étude méthodique de l'usure, parait être un réseau de fines craquelures dont l'origine peut être rapprochée de la cémentation superficielle et de la trempe intense que prennent les surfaces d'acier doux soumises à l'action des gaz carbonés provenant de la décomposition des explosifs.

Dans l'artillerie moderne tirant les poudres colloïdales, ce phénomène est accompagné d'un accroissement du diamètre de l'âme qui, maximum à la hauteur du cône de raccordement, va en s'atténuant à mesure qu'on s'éloigne de la culasse. L'usure reparait à la bouche où elle se manifeste par une diminution de hauteur des cloisons.

L'expérience a permis également de fixer les principaux points suivants:

a) L'usure est nulle dans la chambre à poudre;

b) Elle croit avec la température de combustion de la

poudre constituant la charge; l'action érosive des balistites à 50 % de nitroglycérine est très supérieure à celle des poudres à la nitro-cellulose;

c) Dans un même canon tirant un projectile de poids déterminé, sous une pression donnée, l'usure croît avec le poids de la charge;

d) Si l'on considère plusieurs canons semblables et semblablement chargés, l'usure croît avec le calibre;

e) A l'origine des rayures, l'usure diamétrale sur les cloisons est supérieure à celle relevée au fond des rayures, mais celle-ci est notable quand la première l'est. A la bouche, au contraire, l'usure diamétrale sur le fond des rayures est négligeable par rapport à celle constatée sur les cloisons.

Le fait de la diminution progressive de l'usure à partir de la chambre s'explique ainsi:

Soit P la pression unitaire s'exerçant à un instant quelconque sur le culot du projectile, dx le parcours de celui-ci pendant le temps dt, le travail dépensé par les gaz de la charge sur le culot du projectile est $P\,S\,dx$, S désignant la section droite de l'âme rayée. A cette dépense de travail correspond une perte de chaleur $\dfrac{P\,S\,dx}{E}$ (E équivalent mécanique de la chaleur). Cette disparition de chaleur ne se répartit pas immédiatement dans la masse gazeuse entière, elle affecte d'abord la tranche au contact immédiat du culot du projectile et d'autant plus que la durée dt du parcours dx est plus petite, c'est-à-dire que la vitesse est plus grande; la température des gaz qui s'échappent vers l'avant décroît donc à mesure que le projectile avance vers la bouche et les effets de l'érosion vont en diminuant.

L'usure des bouches à feu a deux causes distinctes.L'usure

à la bouche, caractérisée par la disparition progressive des cloisons, parait due aux frottements énergiques provenant de l'inertie du projectile dans les mouvements vibratoires de la volée. Quant à l'usure de l'âme rayée, beaucoup plus grave que la première au point de vue de ses conséquences, elle semble exclusivement imputable aux fuites de gaz à haute température qui se produisent entre la ceinture du projectile et les parois de l'âme dilatée par la pression et la chaleur.

En ce qui concerne l'usure à la bouche, il ne parait guère possible d'y remédier, on peut tout au plus espérer l'atténuer dans certains cas par un tracé judiciéux du tracé des volées.

Quant à l'usure de l'âme, les deux facteurs prépondérants étant la température de combustion de la poudre et la vitesse du projectile, on s'efforcera pour réduire cette usure de diminuer la température de combustion de la poudre et de mettre le projectile en vitesse aussi rapidement que possible.

La réalisation de ce dernier desideratum dépendra des conditions de chargement et de la vivacité de la poudre employée, quant au premier on le recherchera dans l'emploi d'une poudre spéciale ou dans l'addition à la poudre d'une substance permettant de réaliser un abaissement de sa température au moins pendant les premiers temps de la combustion de la charge.

Les lois de l'usure ne sont pas déterminées avec une précision permettant de chiffrer rigoureusement la correction à faire en fonction du nombre de coups tirés, mais le phénomène est assez régulier et la correction paraît être pour des pressions et des vitesses de même ordre sensiblement indépendante des conditions de chargement et la même pour toutes les bouches à feu de même modèle.

Pratiquement les corrections de vitesse et de pression

dûes à l'usure, se font dans les Commissions d'expérience par l'application de formules, du deuxième degré, où la variable est le nombre de coups tirés

$$\Delta V = a N^2 + b N + c$$

$$\Delta P = h . \Delta V$$

Ces formules sont utilisées dans les tirs de recette des poudres, mais il n'en existe pas permettant de déterminer le nombre de coups que l'on peut faire tirer à une bouche à feu dans des conditions de précision acceptables en service. Le nombre limite de coups que peut tirer une pièce avant d'avoir atteint une usure inadmissible n'est par suite pas fixé. Indiquons en passant qu'actuellement, avant leur mise en service, les canons de gros calibre tirent environ 20 coups à charge de combat pour les essais de matériel, 66 dans les deux années qui suivent et 13 dans chacune des années suivantes.

En Angleterre où, comme nous l'avons dit, en raison de l'emploi de poudre à la nitroglycérine ce nombre est fixé aux environs de 125 coups, on remédie aux conséquences de l'usure en employant un mode de construction de canon permettant de changer après usure le tube intérieur constituant l'âme de la bouche à feu.

De l'exposé rapide qui précède il résulte, qu'au moins dans l'état actuel, il n'est pas possible d'augmenter sensiblement pour un calibre déterminé, la puissance balistique.

<u>Accroissement des calibres</u>.- Considérons maintenant différents calibres tirant des projectiles semblables, c'est-à-dire ayant même $\dfrac{p}{a^3}$ (c'est sensiblement le cas des pièces de gros calibre); nous verrons dans la suite que des pièces semblables et semblablement chargées tirent à la même vitesse initiale. Faisons

abstraction pour l'instant des effets différents de la résistance de l'air suivant le calibre et admettons par suite que la vitesse restante est la même dans tous les cas à une même distance (en réalité elle est plus forte pour les gros calibres, nous le verrons ultérieurement), dans ces conditions, on voit que la puissance de perforation $\frac{p V^2}{a^{1,5}}$, qui peut s'écrire encore $\frac{p V^2}{a^3} a^{1,5}$, est proportionnelle à $a^{1,5}$.

L'augmentation de la puissance de perforation est considérée depuis plusieurs années comme une nécessité. Aux distances considérables où l'on envisage l'ouverture du feu, l'énergie restante des projectiles de 30 c/m est insuffisante pour obtenir en toute certitude la perforation des cuirasses de ceinture. L'accroissement d'épaisseur prévu pour celles-ci à l'étranger, met également le calibre de 34 c/m dans le même cas et il est nécessaire, pour obtenir la perforation des cuirasses dans les conditions de combat envisagées actuellement, d'accroître notablement la puissance des bouches à feu, ce qui conduit à l'augmentation du calibre.

Toutefois cette augmentation ne va pas sans inconvénient. plus le calibre est élevé, plus pour un même tonnage, le nombre de pièces d'un bâtiment se trouve réduit. En outre, toutes choses égales d'ailleurs, l'usure, comme nous l'avons indiqué, augmente avec le calibre, les poids de poudre croissant avec le cube du calibre et les surfaces soumises à l'érosion ne croissant que comme le carré. On est donc conduit pour réduire cette érosion à diminuer les pressions au tir.

Malgré tous ces inconvénients, la plupart des marines se sont engagées dans la voie de l'augmentation du calibre. Le 34 c/m est adopté en France pour les cuirassés type "LORRAINE" et "NORMANDIE" et à l'étranger le 38 c/m se rencontre en Italie, en Angleterre et en **Allemagne**, tandis que les Etats-Unis vont jusqu'au 16 pouces (406). Il est à présumer d'ailleurs que ce calibre de 38 sera avant longtemps envisagé également par d'autres puissances: il est à l'étude en France.

----

§ IV ....

§.IV - NOMENCLATURE DES PIÈCES EN SERVICE DANS LA MARINE.

Les pièces en service à bord se classent dans les catégories suivantes:

I - GROSSE ARTILLERIE, à partir du calibre de 19 c/m, pièce pour laquelle le service ne peut plus s'effectuer à bras (le projectile pèse 86 kgs).

Le calibre de ces pièces s'énonce en centimètres:

19 c/m (194 m/m); 24 c/m (240 m/m); 30 c/m (305 m/m); 34 c/m (340 m/m); 42 c/m (420 m/m).

II - ARTILLERIE MOYENNE; le calibre s'énonce aussi en centimètres:

10 c/m (100 m/m); 14 c/m (138 m/m 6); 16 c/m (164 m/m 7).

Le chargement de ces pièces s'effectue à bras.

III - PETITE ARTILLERIE; le calibre s'énonce en millimètres:

37 m/m; 47 m/m; 75 m/m.

A bord, on divise l'artillerie en artillerie principale spécialement affectée à l'attaque des bâtiments cuirassés, et en artillerie secondaire destinée à arrêter les bâtiments lance-torpilles; ce dernier rôle était révolu, tout récemment encore, à la petite artillerie; mais, actuellement, on considère même les pièces de 75 m/m comme insuffisantes à cet effet et l'artillerie secondaire des bâtiments type "JEAN-BART" est constituée par des canons de 14 c/m.

Nous donnons ci-contre les principales caractéristiques des pièces de récent modèle d'artillerie principale en service.

ARTILLERIE MODELE 93-96...

Artillerie Modèle 93-96.

Calibre	16 c/m	19 c/m
P (poids de la pièce chargée)	$8^T,19$	$12^T,7$
l (longueur d'âme en calibres)	45	40
p (poids du projectile) { R (rupture)	$54^K,900$	86
{ $\frac{R}{2}$ (semi-rupture)	52,300	
ϖ (poids de la charge de poudre)	$19^K,800$	$33^K,800$
	(BM$_{10}$, BM$_{11}$)	
Vo (vitesse initiale)	865^m	840^m
V$_{10000}$ (vitesse restante à 10000^m)	280^m	308^m
Croiseurs cuirassés { L. Gambetta, J. Ferry, Victor-Hugo	16 pièces dont 12 en tourelle double et 4 en abris blindés sur affût à châssis	4 en tourelle double (Avant et Arrière)

Artillerie Modèle · 93-96 M.

Calibre	16 c/m	30 c/m		
P (poids de la pièce chargée)	$8^T,19$	$48^T,07$		
l (longueur d'âme en calibres)	45	40		
p (poids du projectile) { R (rupture)	$54^K,900$	340^K		
{ $\frac{R}{2}$ (semi-rupture)	52,300			
ϖ (poids de la charge de poudre)	$20^K,700$	129^K		
	(BM$_{10}$, BM$_{11}$)	BM$_{15}$		
Vo (vitesse initiale)	900^m	865^m		
V$_{10000}$ (vitesse restante à 10000^m)	283^m	430^m		
Croiseurs cuirassés { J. Michelet, E. Renan	12 pièces dont 8 en tourelle simple et 4 en abris blindés sur affûts à berceau	Épaisseur d'acier Harveyé traversé à	Incidence 0°	Incidence 20°
		6000^m {	349 $^m/_m$	320 $^m/_m$
		10000^m {	229 $^m/_m$	213 $^m/_m$
Cuirassés { République, Patrie	18 pièces dont 12 en tourelle double et 6 en abris blindés sur affûts à châssis	Patrie, Justice, République, Vérité, Démocratie {	Quatres pièces en tourelles doubles (N et R)	

Artillerie Modèle 1902 - Canon de 19 %m.

P (poids de la pièce chargée) . . . . $15^T,2$

l (longueur d'âme en calibres) 50

p (poids du projectile) . . . . 86^K

ϖ (poids de la charge de poudre) . . . $38^K,52$

V₀ (vitesse initiale) . . . . 950^m

V$_{p\,10000}$ (vitesse restante à 10000^m) . . . 337^m

Épaisseur d'acier harveyé traversée

Incidence 0°	Incidence 20°
6000^m . . . . . $177\,\%m$	6000^m . . . . . $162\,\%m$
10000^m . . . . . $29\,\%m$	10000^m . . . . . $91\,\%m$

Cuirassés { Justice, Démocratie, Vérité } { Dix pièces, 6 en tourelle simple, 4 en casemate sur affût à berceau. }

Croiseurs Cuirassés

{ J. Michelet, E. Renan } { Quatre pièces en tourelle double, (AV et AR) }

{ E. Quinet, Wd. Rousseau } { Quatorze pièces dont 4 en tourelle double AV et AR, six en tourelle simple, quatre en abri blindé sur affût à berceau. }

Artillerie Modèle 1902-1906, Canon de 24 %m.

P (poids de la pièce chargée) . . . . $29^T,55$

l (longueur d'âme en calibres) 50

p (poids du projectile) . . . . 220^K

ϖ (poids de la charge de poudre) . . . 67^K — BM 15

V₀ (vitesse initiale) . . . . 800^m

V$_{p\,1000}$ (vitesse restante à 10000^m) . . . 423^m

Épaisseur d'acier harveyé traversée

Incidence°	Incidence 20°
6000^m . . . . $319\,\%m$	6000^m . . . . $299\,\%m$
10000^m . . . . $206\,\%m$	10000^m . . . . $194\,\%m$

12 en tourelle double sur les 6 cuirassés type "Danton"

Artillerie Modèle 1906 et 1906-1910, Canon de 30 %m.

P (poids de la pièce chargée) . . . . $54^T,65$

l (longueur d'âme en calibres) 45

p (poids du projectile) . . . . 440^K

ϖ (poids de la charge de poudre) . . . 128^K BM 17

V₀ (vitesse initiale) . . . . 780^m

V$_{p\,10000}$ (vitesse restante à 10000^m) . . . 480^m

Épaisseur d'acier harveyé traversée

Incidence°	Incidence 20°
6000^m . . . . $390\,\%m$	6000^m . . . . $363\,\%m$
10000^m . . . . $279\,\%m$	10000^m . . . . $260\,\%m$

4 sur les cuirassés type "Danton" en tourelles doubles (AV et AR)

12 ———————— type "Jean Bart" en 6 tourelles doubles.

Artillerie Modèle 1912. Canon de 34 %

P (poids de la pièce chargée)	66
ℓ (longueur d'âme en calibres)	45
p (poids du projectile)	570 ^{k}
ϖ (poids de la charge)	150 BM$_{16}$
Vo (vitesse initiale)	790 ^{m}
V$_{r 10000}$ (vitesse restante à 10000 ^{m})	

Les épaisseurs d'acier harveyé traversées n'ont pas encore été calculées

10 sur les cuirassés type " Bretagne " en 5 tourelles doubles.

12 sur les cuirassés type " Normandie " en 3 tourelles quadruples.

Tableau des pièces d'Artillerie secondaire en service sur les bâtiments récents

Calibres	47 %	65 %	75 %	14 %
Léon-Gambetta \ Jules-Ferry \ Victor-Hugo \ Jules-Michelet	24	"	"	"
Ernest-Renan	8	16	"	"
Edgar-Quinet \ Waldeck-Rousseau	"	20	"	"
Patrie \ République	25	"	"	"
Justice \ Vérité \ Démocratie	10	13	"	"
Cuirassés, type " Danton "	8	"	16	"
Cuirassés, type " Jean-Bart "	"	"	"	22
Cuirassés, type " Bretagne " \ Cuirassés, type " Normandie "	" \ 4	" \ "	" \ "	22 \ 24 _ 10 Mitrailleuses

Chapitre II

Balistique extérieure

Tir des bouches à feu

§ I - BALISTIQUE EXTÉRIEURE.

Mouvement du projectile dans l'air.

Dérivation - Mouvement du centre de gravité.

Résistance de l'air - Détermination expérimentale - Calcul des trajectoires.

Mesure des vitesses initiales.

§ II - TIR DES BOUCHES A FEU.

Différents genres de tir - Pointage des bouches à feu.

Corrections diverses - Vent - Vitesse relative du but - Inclinaison des tourillons.

Probabilités du tir - Écarts moyens - Probabilités d'atteinte - Zones dangereuses.

§ III - CONDUITE DU TIR.

Exécution des tirs - Appareils de conduite du tir - Appareils de transmission.

§.I - BALISTIQUE EXTÉRIEURE.

<u>Définitions et notations</u>.- La balistique est l'étude du mouvement des projectiles. Elle comprend deux parties très distinctes:

La balistique intérieure, qui traite du mouvement des projectiles dans l'âme;

La balistique extérieure, dans laquelle on étudie le mouvement du projectile, depuis l'instant où il sort de l'arme.

Nous nous occuperons d'abord de cette partie.

On appelle:

<u>Trajectoire du projectile</u>, la ligne parcourue par son centre de gravité;

<u>Ligne de tir</u>, la direction de l'axe de la pièce;

<u>Plan de tir</u>, le plan vertical passant par cette ligne;

<u>Angle de tir</u>, l'angle que fait cette ligne avec le plan horizontal;

<u>Ligne</u>, <u>angle</u> et <u>plan</u> de projection, les mêmes éléments relatifs à la direction de la vitesse initiale du projectile;

<u>Angle d'écart initial</u>, l'angle formé par la ligne de projection et la ligne de tir; l'angle d'écart horizontal est sa projection sur le plan horizontal, l'angle d'écart vertical est sa projection sur le plan vertical; le premier est pratiquement négligeable, le second constitue l'angle de relèvement et se détermine dans les expériences de polygone;

<u>Le point de chute</u> est le point où la trajectoire rencontre le plan horizontal passant par l'origine;

La <u>portée</u>, est la distance de l'origine au point de chute;

La <u>flèche</u> est l'ordonnée maximum de la trajectoire; lorsque la flèche est faible, on dit que le tir est tendu.

<u>Mouvement dans l'air, - dérivation.</u>- Dans son mouvement le projectile est soumis à l'action de la pesanteur et à la résistance de l'air, si cette dernière n'existait pas, l'étude de la trajectoire reviendrait au problème classique du mouvement d'un point matériel lancé dans le vide.

Dans l'air, le mouvement du projectile, tel qu'il est défini par les équations du mouvement dans le vide, est modifié par la résistance opposée par le milieu; si cette résistance se réduisait à une force dirigée en sens inverse de la vitesse de translation et passant constamment par le centre de gravité, elle ne ferait que modifier la loi du mouvement de ce point et la forme de sa trajectoire, mais celle-ci resterait plane, c'est ce qui pouvait avoir lieu en air calme avec des projectiles exactement sphériques.

Avec les projectiles oblongs, la trajectoire n'est pas plane. Si les projectiles de l'espèce, lancés par une arme rayée qui leur imprime un mouvement de rotation très rapide autour de leur axe de figure, se déplaçaient dans le vide, l'axe de figure étant un axe principal d'inertie conserverait, comme on le sait, une direction invariable dans l'espace, aucun couple ne tendant à le faire tourner autour du centre de gravité, le projectile se transporterait parallèlement à lui-même et ne retomberait pas par la pointe (fig.7).

Fig. 7

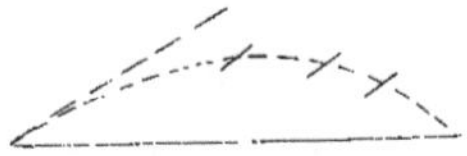

Dans l'air, dès que la trajectoire s'infléchit et que l'axe du projectile ne coïncide plus avec la tangente à la trajectoire, la résistance de l'air n'est plus dirigée suivant cette ligne, elle ne passe plus par le centre de gravité; par suite de la symétrie du projectile, elle passe sensiblement par son axe et agit dans le plan A G V contenant l'axe et la tangente.(Fig. 8)

Soit à un instant donné R cette force et B son point d'application; avec les projectiles actuels, ce point est en avant de G; on peut remplacer cette force R par une force égale et parallèle R' appliquée en G, plus le couple RR' qui agit dans le plan A G V et tend à relever la pointe.

Or, on sait qu'un couple appliqué à l'axe de figure d'un

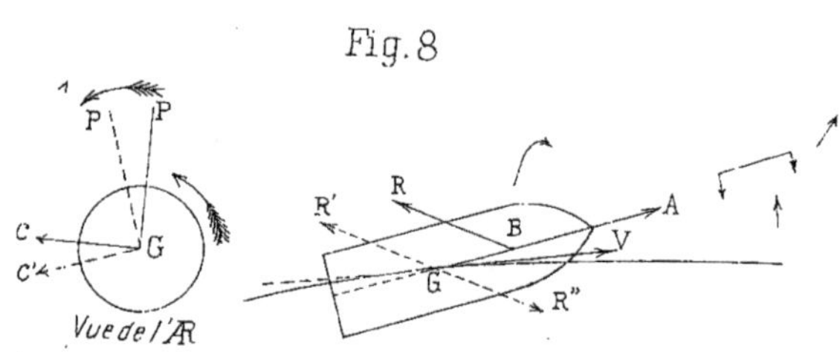

corps de révolution animé d'un mouvement de rotation très rapide autour de son axe a sensiblement pour effet de déplacer perpendiculairement au plan du couple et dans le sens de l'axe du couple l'extrémité de la ligne portée sur l'axe dans le sens de la rotation. Dans le cas présent G P étant la trace du plan V G B dans lequel agit le couple R R", l'axe de celui-ci est dirigé suivant la perpendiculaire G C à G P; la rotation du projectile ayant lieu dans le sens de la flèche (c'est le sens de rotation des anciens projectiles de la Marine) l'axe de cette rotation est dirigé suivant O A et, à chaque instant, le point A se déplace à peu près perpendiculairement au plan G P dans le sens G C, la trace G P tourne dans le sens de la flèche 1 et avec elle la direction de l'axe du couple, le couple en question a donc pour effet d'imprimer à l'axe du projectile autour de la tangente à la trajectoire un mouvement de précession qui est de même sens que la rotation propre. Si la direction G V demeurait désormais fixé dans l'espace le mouvement de G A serait une rotation uniforme autour de G V et l'angle dièdre formé par A G V avec le plan vertical passant par G V irait constamment en croissant; mais la tangente à la trajectoire

s'infléchit progressivement et cet angle dièdre croît ou décroît
suivant les valeurs relatives de l'infléchissement de la tangente
et de la vitesse de précession; la théorie mathématique montre
qu'avec les projectiles actuels cet angle atteint une valeur voisine de $\frac{\pi}{2}$ puis croît et décroît alternativement en restant toujours compris entre deux limites voisines de $\frac{\pi}{2}$, l'angle A G V varie aussi mais reste toujours très petit dans les circonstances ordinaires.

Il résulte de ce qui précède, que la résistance de l'air
agissant dans le plan V G A devenu oblique dès que le mouvement de
précession a commencé, la force R', égale et parallèle à R, appli-
quéeau centre de gravité a une composante perpendiculaire au plan
vertical et celle-ci est dirigée dans le sens suivant lequel se déplace la pointe du projectile, vers la gauche du tireur dans le cas
présent.

Cette composante a pour effet de faire sortir progressivement le centre de gravité du plan de projection et vers la gauche pour le sens de rotation considéré.

La trajectoire est une courbe à double courbure; la distance à laquelle le centre de gravité se trouve à chaque instant
écarté du plan de projection est la dérivation en ce point, on appelle dérivation tout court, celle qui correspond au point de chute.
Pour rappeler le sens de la dérivation, on peut dire qu'il est le
même que celui dans lequel le projectile se déplacerait latérale-
ment si, en tournant, il roulait sur un plan.

Les pièces de la Marine des modèles 93-96 et postérieurs
sont rayés à droite, c'est-à-dire qu'en regardant par la culasse
la partie supérieure de l'âme, les rayures semblent aller vers la
droite, la dérivation se produit donc vers la droite.

Artillerie (2.e Cahier)

Dans ce qui suit, nous nous occuperons du mouvement du centre de gravité et nous nous bornerons aux indications qui précèdent en ce qui concerne le mouvement du projectile autour de son centre de gravité ou "mouvement secondaire"; nous retiendrons seulement que, pour des projectiles bien établis, dans son mouvement autour de la tangente, l'axe du projectile s'en écarte peu, ce qui est doublement utile:

pour que la résistance de l'air et la perte de vitesse qui en résulte soient peu augmentées de ce chef;

pour que le projectile tombe la pointe en avant, même sous de grands angles de tir.

La dérivation étant toujours très petite relativement à la portée, dans l'étude des éléments du tir autres que cette dérivation même, on peut la laisser de côté et raisonner comme si la trajectoire était plane et située tout entière dans le plan de projection.

Grandeur de la résistance de l'air.- Calcul des trajectoires.

L'intensité de la résistance exercée par l'air sur le projectile est, ainsi qu'on le conçoit, à priori, fonction de la vitesse, de la densité de l'air et de la section droite du projectile. On avait admis, pour les projectiles sphériques, qu'elle était proportionnelle:

à la section droite, c'est-à-dire à a^2, (a étant le diamètre du boulet);

à la masse du mètre cube d'air $\dfrac{\Delta}{g}$ (Δ étant le poids du mètre cube d'air);

à une certaine fonction de la vitesse F (V);
ce qui donnait pour expression de cette résistance:

$$R = \frac{\Delta}{g}\, a^2\, F\,(V)$$

L'étude des nombreux résultats de tir recueillis à Gâvre avec des projectiles ogivo-cylindriques avait conduit Hélie à représenter, pour ces projectiles, l'accélération J par une expression semblable.

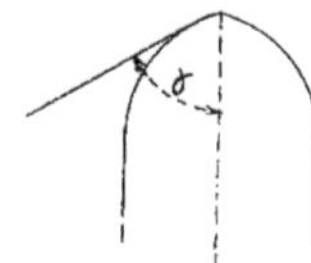

Fig. 9

Pour mieux accentuer la variation de la loi de la résistance de l'air, on l'écrit sous la forme:

$$J = \frac{\Delta}{r}\, a^2\, f\,(V)\, V^2$$

la fonction $f\,(V)$ dépendant de l'angle γ de l'ogive.

Détermination expérimentale de la résistance de l'air.-

Pour déterminer expérimentalement la valeur de la résistance de l'air, on effectue un tir à courte distance, sous un angle de projection faible, on peut ainsi considérer la trajectoire comme rectiligne et horizontale, on mesure la vitesse initiale v_1 et la vitesse restante v_2, on a:

$$\frac{dV}{dt} = \frac{\Delta a^2}{r}\, f\,(V)\, V^2$$

Posant $b = \frac{\Delta a^2}{r}\, f\,(V)$, il vient

$$\frac{dV}{dt} = b\, V^2$$

Comme la variation de vitesse est faible, on peut considérer b comme constant dans l'intervalle de v_1 à v_2 et l'on rapporte sa valeur à la vitesse moyenne:

$$v = \frac{v_1 + v_2}{2}$$

On a alors:

$$\frac{dV}{V} = - bV\,dt = -b\,ds$$

s représentant le parcours du projectile, d'où l'on tire:

$$L\,v_2 - L\,v_1 = b\,(s_2 - s_1)$$

$$b = \frac{L\,v_1 - L\,v_2}{s_2 - s_1}$$

Un grand nombre de tirs avaient été effectués avec des projectiles présentant les valeurs suivantes pour l'angle γ

$$31°45 \qquad 41°40 \qquad 45°55$$

En prenant pour chacun des angles les résultats moyens, on a constaté que la valeur de $f(V)$ était proportionnelle à $\sin\gamma$, on pouvait donc écrire:

$$\frac{f(V)}{\sin\gamma} = C^{te}$$

On a dressé une table des valeurs de $\dfrac{f(V)}{\sin\gamma}$ en fonction de la vitesse; pour calculer la résistance de l'air, dans le cas d'un angle γ quelconque et pour une vitesse v, on prend dans la table la valeur de $\dfrac{f(V)}{\sin\gamma}$ et on multiplie le nombre trouvé par $\sin\gamma$.

En réalité, il faut multiplier, non par le sinus du véritable angle ogival, mais par le sinus d'une angle γ_1 un peu différent et qu'on détermine expérimentalement par des tirs.

Sinus γ_1 est le coefficient d'adaptation.

$\dfrac{\Delta a^2}{p}\sin\gamma_1$ est le coefficient balistique.

En résumé, l'accélération retardatrice de l'air s'écrira sous la forme:

$$J = \frac{\Delta a^2}{p}\left(\frac{f(V)}{\sin\gamma}\right) V^2 \sin\gamma_1$$

Remarquons tout d'abord, que J étant proportionnel à $\dfrac{a^2}{p}$,

à calibre égal, et toutes choses égales d'ailleurs, pour diminuer
l'influence retardatrice de la résistance de l'air, il est utile
d'augmenter le poids du projectile; donc, à ce titre seul, il y a
intérêt à augmenter la longueur du projectile.

D'un autre côté, si l'on prend des canons de différents
calibres tirant des projectiles semblables, $\frac{P}{a^3}$ est constant, donc
J varie en raison inverse de a, donc l'accélération retardatrice
de l'air est d'autant plus faible que le calibre est plus fort.

La courbe représentative des valeurs de $\frac{f(V)}{\sin \gamma}$ trouvées
expérimentalement présente l'aspect de la figure 10.

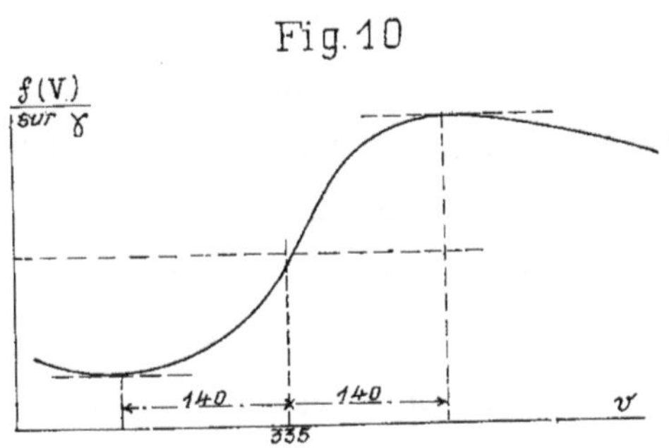

On y observe
une certaine symétrie par
rapport au point d'abcis-
se 335^m, valeur de la vitesse du son dans l'air.

Elle offre un
minimum pour
$$V = 335 - 140 = 195$$

et un maximum pour V = 335 + 140 = 475^m.

L'aspect de cette courbe explique la succession des différentes hypothèses faites sur la valeur de la résistance de l'air.

Tout d'abord, pour les faibles vitesses, on supposa f (V)
constant, donc R proportionnel au carré de la vitesse;

Plus tard, pour les vitesses supérieures à 300^m, on prit
pour f (V) une droite de la forme A (1 + BV),
ce qui conduisit à une relation de la forme:

$$R = KV^2 + K'V^3.$$

Ensuite, pour les valeurs de V croissantes, on prit un
terme biquadratique (hypothèse de Piton-Bressant) qui pouvait repré-

senter le phénomène de la résistance de l'air d'une façon suffisan
te pour les valeurs de V comprises entre 200 et 500^m.

L'insuffisance de cette loi ne tarda pas à être constaté
lorsqu'on atteignit, pour les dépasser, des vitesses de 600^m.

Actuellement, on a renoncé, en raison de l'impossibilité
de représenter par une fonction simple la loi de la résistance de
l'air, à intégrer les équations du mouvement du projectile.

On laisse indéterminée la valeur de f (V) et l'on fait
les calculs par portions d'arcs successifs, assez petits pour que
l'on puisse supposer f (V) constant dans l'intervalle et on calcule
ainsi de proche en proche les divers éléments des trajectoires.

La dérivation se calcule par des formules empiriques.

Voici, à titre d'indication, les dérivations à différentes distances de tir du canon de 30 c/m Mle 1906-10.

à 1000^m	2000	4000	6000	8000	10000	12000	140
0^{m}10	0^{m}39	1,6	4,2	8,4	14,5	24,0	3

<u>Tables de tir</u>.- Les éléments principaux déduits du cal-
cul des trajectoires: angles de projection, flèches, angles de chute, vitesses restantes, durées de trajet, sont déterminées pour
des portées croissantes de 100 en 100 mètres dans toute l'étendue
d'utilisation de la pièce et la réunion de ces éléménts constitue
la table de tir de cette pièce. Cette table contient en outre un
grand nombre de renseignements parmi lesquels nous citerons les é-
carts moyens en portée, en direction et en hauteur, les épaisseurs
des plaques isolées en acier harveyé traversées sous les incidences
de 0° et de 20°, les corrections latérales à faire en raison des
mouvements du navire et du but ainsi que les corrections latérales
et en portée pour tenir compte du vent.

Enfin, un tableau indique les zones dangereuses et le

pour cent des coups courts à observer aux diverses distances dans un tir à la mer suivant les dimensions du but. Nous reviendrons ultérieurement sur ces dernières questions.

Angle de relèvement.- Les causes principales dont dépend l'angle de relèvement sont:

les flexions de la plateforme au tir;

les actions des freins ou récupérateurs lorsqu'ils sont disposés dissymétriquement;

l'arcure de la pièce, etc.....

On détermine au polygone l'angle de relèvement par un tir aux panneaux, de la manière suivante: on place un panneau devant la pièce pointée sous une inclinaison i et on relève le point d'impact. On constate que ce point correspond à une inclinaison $i \pm \varepsilon$, l'angle de relèvement est $\pm \varepsilon$; (il atteint souvent une valeur de 10'). Cet angle est inscrit en tête de la table de tir avec toutes les données relatives au chargement de la pièce, les conditions d'installation de la bouche à feu sur un affût et la plateforme étant nettement spécifiées.

Mesure des vitesses initiales.- Les éléments des trajectoires sont déterminés en partant de la vitesse initiale et la mesure de cette vitesse est une question capitale. Le pendule balistique décrit dans les cours de mécanique a été d'abord employé à cet usage, encore ne date-t-il que de 1826. Il a été remplacé par des appareils électro-balistiques dont le type actuellement employé est le chronographe Le Boulengé-Bréger.

Le principe de ces appareils consiste à placer transversalement à la ligne de tir, à petite distance de la bouche, deux cadres sur chacun desquels est tendu un réseau de fils conducteurs; chaque réseau est placé dans un circuit électrique séparé; le passage du projectile en coupant les fils interrompt le courant; on

mesure le temps θ qui s'es-écoulé entre les deux in-terruptions, la distance e des deux cadres étant con-nue, on en déduit la vites-se moyenne dans l'interval-le $V = \dfrac{e}{\theta}$.

Le chronographe Le Boulengé-Bréger est ain-si constitué (fig.11). Deux électro-aimants A et B ac-colés à une colonne verti-cale sont traversés chacun par un des circuits dans lesquels sont placés les cadres; au premier **A** est suspendue, quand le courant passe, une longue tige cy-lindrique C appelée chro-nomètre, au second B est suspendu un poids D appelé enregistreur. La tige C est rendue libre par la

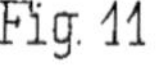

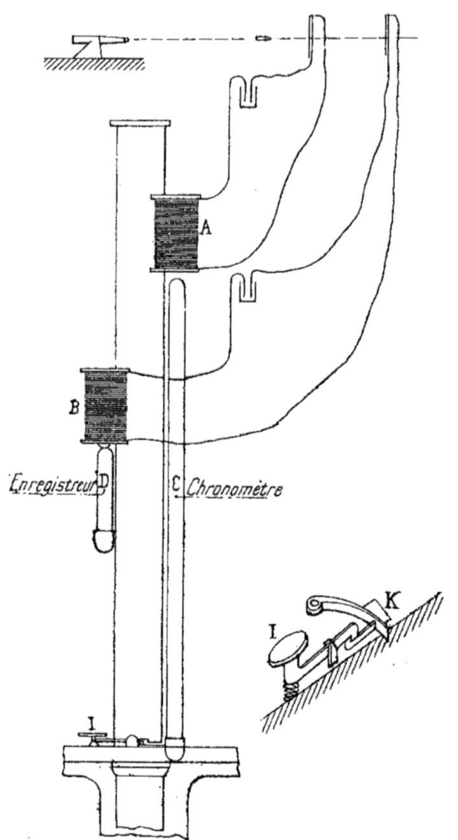

rupture du courant du 1er cadre, l'enregistreur tombe ensuite à la rupture du coirant du 2e cadre et vient dans sa chute rencontrer le petit plateau I qui bascule sous le choc et libère ainsi un cou-teau K, lequel sous l'action d'un ressort vient alors marquer un trait sur le point du chronomètre qui se trouve en regard à cet instant.

Si, le chronomètre étant suspendu, on laisse tomber l'enregistreur seul, on obtient sur le chronomètre un trait qui est l'origine des hauteurs de chute. D'autre part, les deux poids étant suspendus, si l'on interrompt simultanément les deux courants, le couteau marque un nouveau trait à une distance H du premier, le temps correspond $T = \sqrt{\dfrac{2H}{g}}$ est le retard d'enregistrement. Si, maintenant, les deux poids étant de nouveau suspendus, les deux circuits sont coupés successivement, on mesure alors une hauteur de chute H' à laquelle correspond un intervalle de rupture de:

$$\theta = \sqrt{\frac{2H'}{g}} - \tau$$

Des tables ont été établies à l'avance pour la valeur $\tau = 0''15$ et donnent immédiatement θ en fonction de H', puis V pour un intervalle donné des cadres-cibles.

En ce qui concerne l'emplacement et la disposition de ces cadres, on doit les soustraire à l'action des gaz du canon et placer par suite le premier d'autant plus loin que le calibre est plus fort. Quant à l'écartement, on le prend voisin du 1/10 de la vitesse à mesurer.

On peut utiliser aussi pour la mesure des vitesses des projectiles, la méthode suivante basée sur l'emploi d'interrupteurs électro-acoustiques.

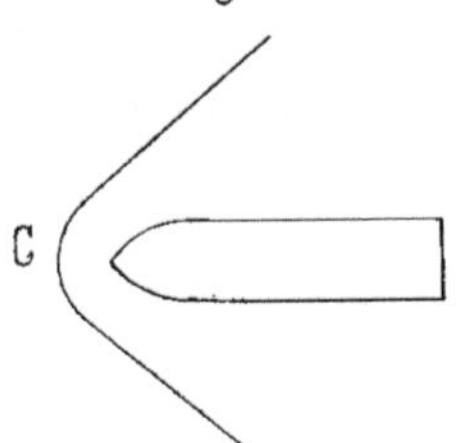

Les projectiles animés d'une vitesse supérieure à la vitesse du son sont précédés d'une onde sonore C, cette onde de compression est assez puissante pour faire vibrer une membrane légère placée au foyer d'une surface parabolique et produire ainsi l'interruption

d'un courant, en disposant deux interrupteurs comme ont été disposés les cadres-cibles, on peut évaluer le temps correspondant au
parcours de l'espace qui les sépare.

L'avantage des interrupteurs électro-acoustiques est de
ne pas nécessiter un tir horizontal comme les cadres-cibles, par
contre ils donnent des résultats moins précis et moins surs.

Pour la mesure des très courts espaces de temps, on emploie en artillerie le chronographe Schultz.

Cet appareil est constitué par un cylindre horizontal recouvert de noir de fumée, animé d'un mouvement uniforme de rotation.
Une plume métallique, fixée à l'armature d'un électro-aimant peut
tracer sur le cylindre, dont la loi du mouvement de rotation est obtenue par l'inscription sinusoïdale des vibrations d'un diapason
électrique taré au préalable.

Si l'on veut mesurer l'intervalle de temps séparant plusieurs phénomènes successifs, on utilisera chacun d'eux pour produire la rupture d'un courant passant dans un électro-aimant tel que
celui dont nous venons de parler et à chaque rupture la plume tra-
cera un crochet à l'enregistrement. L'intervalle séparant deux cro-
chets mesurera le temps écoulé entre les deux phénomènes produits
en se reportant aux inscriptions du diapason.

Si l'on admet que le diapason donne 250 vibrations complètes par seconde et que la vitesse de rotationdu cylindre soit
de 10^m par seconde, on voit que la longueur d'une boucle de la sinusoïde tracée par le diapason sera de 20 $^m/m$. La loupe dont est munie l'appareil permettant de lire facilement le 1/10 de millimètre,
il en résulterait que le chronographe permettrait de mesurer des
temps de $\dfrac{1}{100000}$ de seconde.

Les erreurs diverses résultant notamment des retards de

désaimantation réduisent en pratique cette précision au $\dfrac{1}{20000}$

Cet appareil est utilisé pour la mesure des retards d'inflammation, des durées de parcours dans l'âme, etc.....

Le tarage des diapasons se fait à l'aide du chronographe de chute dont le principe est le suivant:

Un poids-mobile à avant conique tombe le long d'une planchette verticale garnie d'une lame recouverte de noir de fumée. Le diapason à tarer est fixé au poids et porte une plume en acier qui trace sur la lame. La résistance de l'air à la chute du poids étant négligeable dans les conditions de l'expérience, le temps de la chute correspondant à un parcours e est donné par la relation

$$e = \frac{1}{2} g t^2$$

En comparant le temps t à la sinusoïde inscrite sur la lame, on a tous les éléments nécessaires au tarage.

----

§ II ......

§ II - TIR DES BOUCHES A FEU.

Espèces de tir.- On distingue trois espèces de tir: tir de plein fouet ou tir tendu, tir courbe et tir vertical.

Dans le premier, la trajectoire est tendue au maximum;il s'effectue avec des canons longs tirant à grande vitesse initiale avec la charge maxima compatible avec la résistance de la bouche à feu, il s'emploie contre des buts verticaux, c'est le seul usité dans la Marine.

Le tir courbe est caractérisé par la grande hauteur des flèches de la trajectoire, il s'effectue avec des canons courts ou obusiers (10 à 20 calibres de longueur) tirant sous de grands angles avec de faibles vitesses initiales.

Le tir vertical s'effectue avec des mortiers, pièces très courtes, (moins de 10 calibres de longueur d'âme) tirant à faible vitesse initiale sous des angles pouvant atteindre 60°. Pour une

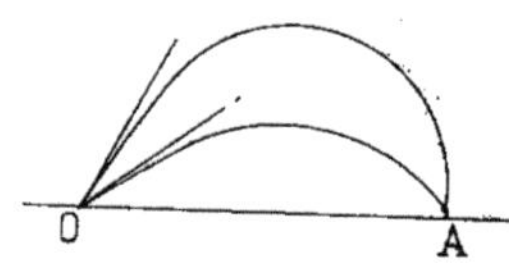

portée donnée, on peut,en faisant varier la charge et pour une même portée, tirer sous deux angles différents:l'un inférieur,l'autre supérieur à 45°; dans le second cas, l'angle de chute et la flèche maxima sont plus grands que dans le premier.

Les grands angles correspondants à ces deux genres de tir permettent l'emploi du tir indirect au moyen duquel on peut atteindre des buts placés derrière un obstacle.

La production de grands angles de chute permettrait d'obtenir sur les ponts des résultats de perforation et pour cette raison l'emploi du tir courbe à bord a été quelquefois préconisé dans la Marine par quelques officiers. Nous verrons plus tard quelles

raisons primordiales s'opposent à l'adoption d'une semblable méthode et à la création du matériel nécessaire à ce genre de tir.

En ce qui concerne la direction du tir relativement au
bâtiment, on appelle tir en belle, le tir par le travers - tir en
chasse et tir en retraite extrême ceux qui sont dirigés parallèlement à l'axe du bâtiment, vers l'avant dans le premier cas, vers
l'arrière dans le second; les directions intermédiaires de tir sont
caractérisées par le nombre de degrés de part et d'autre de l'axe
à partir de l'avant. L'angle du secteur dans lequel peut tirer une
pièce est appelé angle de battage. Enfin le tir est positif ou négatif suivant que la pièce est pointée au dessus ou au dessous de
l'horizon.

Pointage des bouches à feu.- Pointer une bouche à feu,
c'est la diriger de telle sorte que la trajectoire du projectile
passe par le but, que l'on suppose dans ce qui suit, dans le plan
horizontal du canon.

Par suite de la courbure de la trajectoire, ce n'est pas
l'axe du canon qui doit être dirigé sur le but, mais bien une certaine ligne, qu'on appelle ligne de mire et dont la position défi-
nit celle de l'axe du canon.

Anciennement (la même disposition subsiste encore pour
certaines pièces de petit calibre) la ligne de mire était une droite passant par deux points déterminés occupant, par rapport à l'axe
du canon, une position précise: l'une invariable de position, c'é-
tait le sommet du guidon, l'autre était le cran de mire de l'oeilleton porté par la hausse.

La hausse, que
nous supposerons pour sim-
plifier fixe sur la tranche

Fig. 14

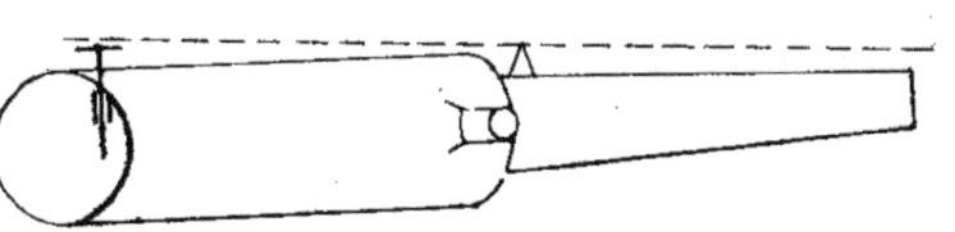

de culasse, comme sur les anciens modèles, était une tige graduée guidée dans une boîte fixée au canon (fig.14) dans laquelle elle pouvait coulisser suivant une direction perpendiculaire à la fois à l'axe du canon et à l'axe des tourillons. Elle portait perpendiculairement à sa longueur et parallèlement à l'axe des tourillons une traverse graduée en millimètres sur laquelle on pouvait déplacer le cran de mire.

Actuellement, la ligne de mire est définie par l'axe optique d'une lunette disposée le long d'un bras O A mobile autour d'un axe O parallèle à l'axe des tourillons et porté par le berceau de la pièce. L'extrémité A porte une tige courbe ou curseur C concentrique à l'axe O, se déplaçant dans une boîte B, que nous supposerons également portée par le berceau, et qui porte les appareils de manoeuvre nécessaires.

On voit que si l'on pointe la lunette sur le but, l'angle de tir variera suivant la quantité dont le curseur est sorti au-dessus de la boîte B.

Les portées sont inscrites sur un plateau P, monté sur la boîte B et dont la rotation est liée à l'ascension du curseur, un index fixe donne la portée correspondant à l'angle de tir; l'inscription des graduations sur un plateau de grand diamètre et non sur le curseur C a pour but d'amplifier l'écartement des graduations et par suite d'en faciliter la lecture.

Il est facile, au moyen des tables de tir donnant les angles correspondant aux différentes portées, de graduer le plateau de l'appareil de visée. Pendant le tir à bord, les distances de tir sont données du blockauss par un transmetteur système Germain sur un cadran placé à proximité du servant de hausse; ce dernier n'a qu'à placer le plateau des portées à la distance indiquée par l'appareil Germain (fig.15).

Pour éviter les erreurs, d'ailleurs fréquentes dans la pratique, de placement des appareils de visée, on installe maintenant des appareils permettant, soit la mise à l'angle sans lecture (par exemple: par la mise en concordance de deux aiguilles, appareils Leconte-Aubry) soit même la commande directe de tous les appareils de visée du blockaus (appareil Routin).

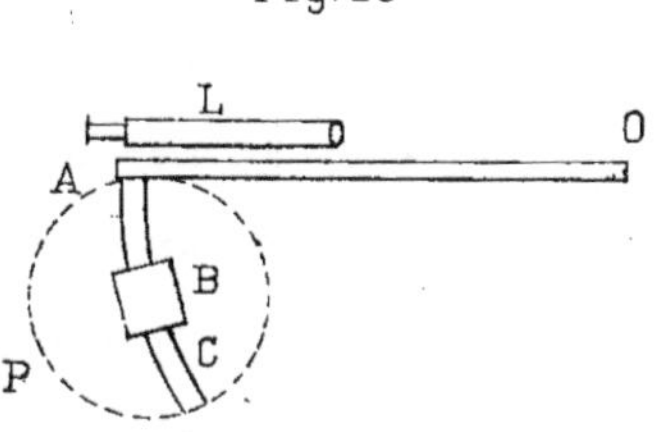

Fig.15

La ligne de mire de la pièce doit pouvoir faire en direction un certain angle avec l'axe de cette pièce; la correction seule des effets de la dérivation nécessite cette latitude.

A cet effet, la lunette de pointage est montée, non pas sur O A directement, mais sur un support O'A' tournant autour d'un axe O' perpendiculaire à la fois à l'axe de la pièce et à l'axe des tourillons (fig.16); la rotation de ce support O'A' s'effectue par exemple au moyen d'une vis sans fin V' engrenant avec un secteur strié en A'; l'angle que fait en direction l'axe de la lunette avec l'axe de la pièce, ou dérive, est donné en face d'un index fixe par un plateau P', indicateur des dérives dont la rotation est commandée par celle de la vis V'.

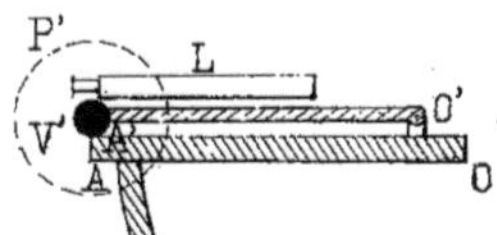

Fig.16

Corrections diverses.-

<u>a) Densité de l'air - Vent</u>. La trajectoire est influencée par la densité de l'air qui intervient dans les formules de la résistance au mouvement du projectile; elle l'est également par le vent. Dans les tirs précis de polygone, on mesure la densité de

l'air, la direction et la force du vent, et l'on fait, au moyen de formules spéciales, les corrections que comportent ces éléments.- Dans le tir à bord, on ne peut, pour ces deux influences perturbatrices, tenir compte que du vent et encore ne peut-on faire à cet égard qu'une correction approximative dirigée de la manière suivante: Le vent entraînant le projectile dans la direction vers laquelle il souffle, pour corriger son influence il faut, suivant qu'il souffle de face ou de l'arrière, augmenter ou diminuer la hausse et s'il souffle de travers, faire une correction de dérive en portant l'oeilleton de la lunette du côté d'où vient le vent.

b) Vitesse du navire et du but.- Si le bâtiment tireur se déplace avec une vitesse v_1, le projectile tombe en un point C distant du point visé B d'une quantité égale à $v_1 t_1$ (t étant la durée de son parcours dans l'air) et dans la direction du déplacement du bâtiment tireur (fig.17). Pour tirer sur le but, il faudra donc obtenir un déplacement du point de chute et porter pour cela l'oeilleton de la lunette du côté vers lequel on veut ramener le coup, c'est-à-dire en sens inverse du mouvement du navire.

Si nous supposons que le but se déplace lui-même perpendiculairement au plan de tir avec une vitesse v_2 (v_1 et v_2 étant affectés de signes) la conclusion à laquelle nous venons d'arriver s'énoncera ainsi: l'oeilleton devra être déplacé dans le sens opposé à la vitesse relative de l'assaillant,

Les tables donnent cette correction calculée d'avance pour différentes vitesses et différentes portées.

Il est également nécessaire de tenir compte des composantes des vitesses du navire et du but parallèlement au plan de tir (correction de franchissement). Supposons en effet que deux bâtiments courent l'un sur l'autre à la vitesse de 15 noeuds, soit 30 n. de vitesse relative et qu'ils ouvrent le feu à 10000^m, ce qui correspond en gros à une durée de trajet de 17", ils ont un déplacement relatif pendant ce temps de

$$\frac{30 \times 1852}{3600} \times 17 = 260^m \text{ en chiffres ronds.}$$

on voit que la correction à faire de ce chef est importante.

c) <u>Inclinaison des tourillons</u>. Nous avons supposé jusqu'ici que l'axe des tourillons était horizontal, quand il n'en est pas ainsi, le projectile est dévié du côté du tourillon le plus bas. On peut se rendre compte, de la manière suivante, de la grandeur de la déviation qui en résulte:

Soient (fig.18) m n la trace horizontale du plan vertical contenant l'axe des tourillons;

m'n' la projection de cet axe sur le plan vertical;

Z'O'X' mené parallèlement au plan à une distance arbitraire et rabattu autour de sa trace O'X';

θ l'inclinaison de l'axe des tourillons sur l'horizontale;

O X la projection de l'axe du canon lorsqu'il est horizontal; sa projection verticale est alors O'.

En tournant autour des tourillons inclinés, l'axe du canon décrit un plan dont la trace O'P' sur le plan Z'O'X' est perpendiculaire à m'n'.

Soit a' un point de cette trace appartenant à l'axe du canon lorsqu'il est incliné, o'a' et o a seront les projections de l'axe du canon dirigé dans l'espace suivant une ligne O A ; l'angle de projection s'obtiendra par le rabattement du triangle a o'A.

Le plan vertical a'ao contenant l'axe du canon fait avec le plan vertical Y O Z' un angle ω, la dérivation sera par suite augmentée de **X** tg   , X représentant la portée.

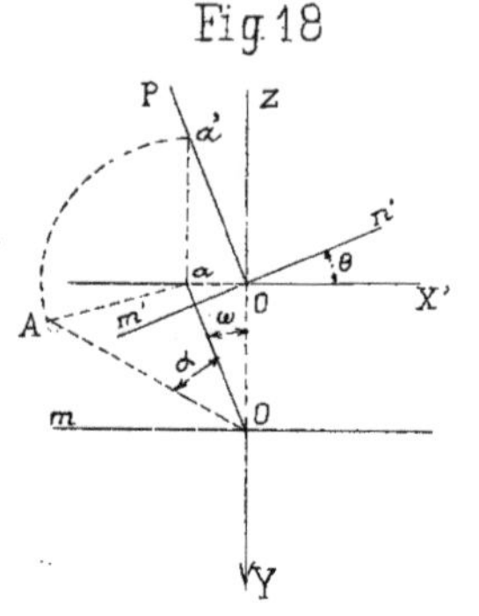

Or, on a:

$$\sin \omega = \frac{o'a}{oa}$$

$$o'a = aa' \, tg \, \theta$$

$$oa = aA \, cotg \, \alpha = aa' \, cotg \, \alpha$$

d'où

$$\sin \omega = tg \, \theta \, tg \, \alpha .$$

L'angle ω étant petit, on pourra remplacer le sinus par la tangente et on aura alors pour valeur de l'accroissement de la dérivation

$$X \, tg \, \theta \, tg \, \alpha .$$

Dans le tir à terre, la correction relative à l'inclinaison des tourillons peut se faire en modifiant la dérive de la quantité résultant de la formule précédente, mais sur un bâtiment en mouvement, il n'est pas possible de tenir compte d'une inclinaison qui change à chaque instant. Pour les pièces tirant par le travers, c'est le tangage qui produit la variation d'inclinaison; pour les pièces tirant dans l'axe, c'est le roulis et son amplitude est notablement plus importante, on voit l'importance que présente à ce point de vue la stabilité de la plateforme de tir.

Il est à remarquer que la dérivation dont il s'agit, étant proportionnelle à tg α sera d'autant plus importante que l'on tirera sous de grands angles; avec les pièces ordinaires elle aura donc, pour une portée donnée, d'autant moins d'influence que la vitesse initiale sera plus forte.

Avec les pièces destinées à tirer sous de grands angles, c'est-à-dire à faire du tir courbe, cette cause d'erreur prend une importance toute spéciale et c'est là un des arguments qui militent puissamment contre l'emploi à bord de pièces tirant à faible vitesse initiale.

Rigidité de la trajectoire.- Dans tout ce que nous avons examiné jusqu'à présent relativement au tir, nous avons supposé la pièce et le but dans un même plan horizontal. Si le but A' (fig.19) est à une même altitude Y, l'altitude de la pièce étant 0, l'angle $\mathcal{E}$ défini par tg $\mathcal{E} = \dfrac{Y}{X}$ est l'angle de site, la ligne O A' joignant la pièce au but est dite ligne de site.

On peut admettre tant que l'angle $\mathcal{E}$ est inférieur à 10°, que la portée obtenue en pointant sous les angles de tir usuels suivant la direction O A' est la même que celle qu'on obtient dans le plan horizontal en pointant sui-

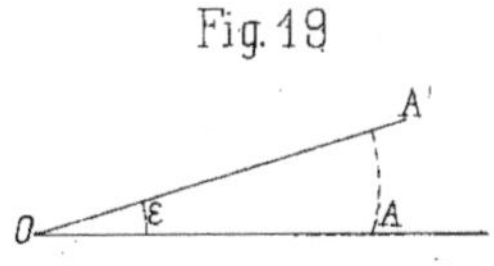

vant O A. Tout se passe comme si en faisant tourner la pièce d'un certain angle autour de l'axe des tourillons, la trajectoire du projectile tournait d'un seul bloc du même angle, autour du même axe.

C'est là le principe de la rigidité de la trajectoire qui peut s'exprimer ainsi: deux trajectoires voisines peuvent être amenées à se superposer par une simple rotation de l'une d'elles autour de l'origine.

Probabilités du tir.-

Écarts - Lorsqu'on tire une bouche à feu dans des conditions aussi identiques que possible, on observe que les points de chute des projectiles forment une constellation sur le sol. Ces écarts qui se produisent d'un coup à l'autre résultent de causes très diverses qui peuvent se ranger en deux catégories: causes systématiques et causes accidentelles.

Les causes systématiques sont celles qui font sentir leur

action dans un sens déterminé et d'une manière ininterrompue pendant un grand nombre de coups. Les causes accidentelles, au contraire, ont pour caractère essentiel d'agir sans loi déterminée. Cependant il faut observer que cette classification n'a rien d'absolu et une cause considérée comme systématique relativement à un tir, pourra être considérée comme accidentelle si l'on envisage son action dans une suite de tirs. Ce sera par exemple le cas du vent, de la pression atmosphérique, etc.....

Les causes des écarts sont multiples, elles peuvent provenir soit de la variation des données relatives aux projectiles, soit de celles concernant les charges, la bouche à feu, l'état de l'atmosphère, le service de la pièce ou encore la position de cette dernière.

Si, dans un tir, les causes accidentelles sont les seules agissantes et qu'on tire un très grand nombre de coups, on observe que le groupement des points de chute obéit à une loi générale de répartition (loi de Gauss).

Sur le plan contenant les points de chute des projectiles, traçons deux axes rectangulaires passant par le point moyen O (fig.20), le nombre des coups situés de part et d'autre de X X' sera le même.

De même deux bandes de même largeur symétriques par rapport à X X' contiendront le même nombre de coups et ce nombre ira en décroissant à mesure que l'on s'éloignera de X X'.

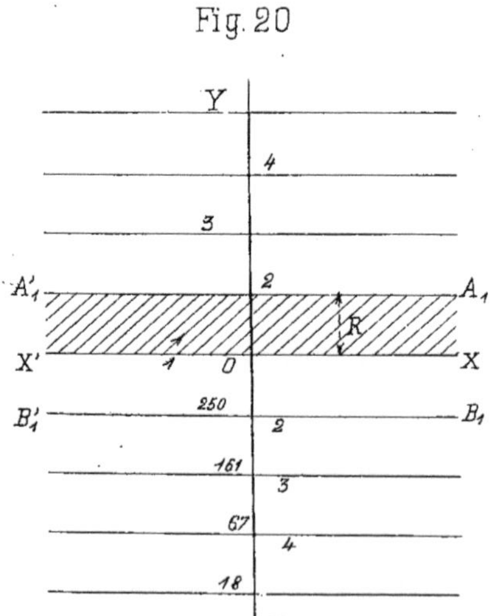

Fig. 20

Déterminons une bande $A_1 A_1' B_1 B_1'$ contenant la moitié des coups tirés, soit R sa demi-longueur. La probabilité pour que l'écart en portée d'un coup quelconque soit inférieur (ou supérieur) à R sera 1/2, c'est-à-dire que sur deux coups tirés l'un tombera dans la bande $A_1 A_1' B_1 B_1'$ l'autre lui sera extérieur. La longueur R est appelée écart probable du tir en portée, c'est l'écart tel que la probabilité de ne pas le dépasser est égale à 1/2.

Si nous couvrons le plan de bandes parallèles à la première et de même longueur, celle-ci contenant 25 % des coups, l'expérience montre que la seconde en contiendra 16,1 %, la troisième 6,7 % et la quatrième 1,8 %.

Il résulte de là qu'une bande ayant son centre au point moyen et d'une profondeur égale à deux fois l'écart probable contient 50 % des coups. Si cette rpofondeur est de huit fois l'écart probable, elle contient 992 coups sur 1000; il y a donc une probabilité égale à 0,992 qu'un écart quelconque soit inférieur à A R.

La zone en question qui contient 992 ‰ des coups s'appelle zone de dispersion.

Toutes les considérations précédentes relatives aux écarts en portée, s'appliquent évidemment aux écarts en direction et en hauteur. En ce qui concerne ces derniers, ils sont liés aux écarts en portée par la relation

$$R_h = R \, \mathrm{tg}\, \omega \quad (\text{fig.21}).$$

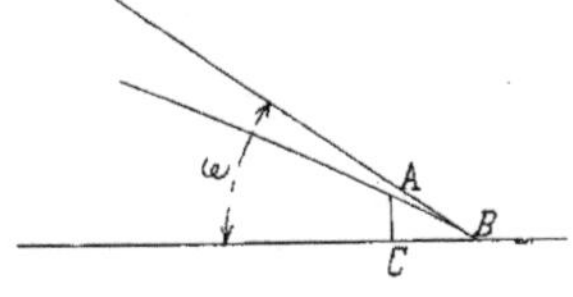

Fig. 21

L'écart moyen est égal à la moyenne des écarts, c'est un élément mesurable, mais la considération de l'écar probable permet de se rendre compte de la probabilité d'atteindre un but de dimensions données et d'apprécier l'efficacité du tir plus simplement que ne le permet la considération de l'écart moyen, aussi le préfère-t-on dans la pratique.

On démontre d'ailleurs que l'écart moyen E est lié à l'écart probable par la relation

$$R = 0,8453 \ E.$$

Probabilités.- La probabilité d'atteindre un but de dimensions données se calcule au moyen des facteurs de probabilités.

D'après ce que nous venons de voir, la probabilité pour qu'un coup quelconque se trouve dans une bande de profondeur 2 H ayant son centre au point moyen est évidemment la même que celle d'avoir un écart inférieur à H en valeur absolue.

La loi de dispersion étant connue, en prenant l'écart probable R pour argument on voit que le % des coups atteignant la bande précitée dépendra du rapport $\frac{H}{R}$. C'est ce rapport qui est appelé facteur de probabilité et représenté par la lettre f. Des tables ont été dressées donnant f en fonction de la probabilité et inversement. C'est ainsi par exemple qu'on trouve les chiffres suivants:

pour f =	0,1	0,2	0,5	1	2	3	4
P =	0,054	0,107	0,264	0,50	0,823	0,957	0,993
Nombre de coups %	5,4	10,7	26,4	50	82,3	95,7	99,3

On admet d'autre part que la probabilité d'atteindre un rectangle donné est égale au produit des probabilités relatives à chacune de ses deux dimensions.

Fig. 22

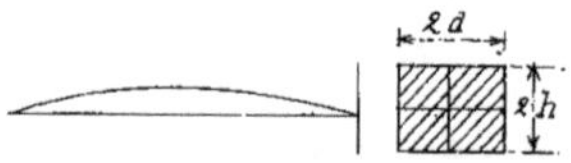

Pour un rectangle vertical mesurant 2 h × 2 d (fig.22), le point moyen étant supposé au centre de la cible, si R_h et R_d sont les écarts probables en hauteur et en direction, les facteurs de probabilités correspondants sont $f_h = \frac{h}{R_h}$ et $f_d = \frac{d}{R_d}$ et la proportion de coups probable correspondante P_h et P_d.

Cette proportion sera pour le rectangle

$$P = P_h \times P_d.$$

Pour un rectangle horizontal de largeur 2 l et de profondeur 2 p parallèlement au plan de tir, les facteurs de probabilités se déduiront des écarts probables en direction et en portée.

Les écarts moyens en direction, portée et hauteur étant donnés par les tables de tir, on a tous les éléments du calcul.

On peut ainsi calculer par la proportion P de coups probables, la probabilité d'atteindre à diverses distances le rectangle vertical circonscrit à la muraille d'un navire (coup de muraille) ou le rectangle horizontal circonscrit à un pont (coup de pont) le but se présentant par son travers ou debout et le tir étant supposé réglé sur le centre du but.

Toutefois, on prend pour écart moyen dans le tir à la mer, des valeurs égales à 2,5 fois les écarts tubulaires, ceux-ci étant déterminés pour des tirs de polygone.

A titre d'exemple, voici les calculs pour un navire ayant les dimensions suivantes:

$$\text{longueur } 140^m$$
$$\text{largeur } 21^m$$
$$\text{hauteur sur l'eau } 8^m.$$

A 6000^m, par exemple, avec le canon de 30 c/m Mle 1906, pour la cible verticale se présentant par le travers, on a:

Ecart moyen tabulaire en direction 3^m,

Ecart moyen tabulaire en hauteur 3^m5,

Ecart probable à la mer, en direction $0,845 \times 3 \times 2,5 = 6^m33$,

Ecart probable à la mer, en hauteur $0,845 \times 3,5 \times 2,5 = 7^m41$,

$$f_d = \frac{70}{6,33} = 11 \qquad P_d = 1$$

$$f_h = \frac{4}{7,41} = 0,54 \qquad P_h = 0,35$$

$$P = P_d \times P_h = 0,35$$

Pour la cible se présentant debout

$$f_d = \frac{10,5}{6,33} = 1,66 \qquad \begin{aligned} P_d &= 0,71 \\ P_h &= 0,35 \end{aligned}$$

$$P = P_d \times P_h = 0,25$$

Pour les coups de pont, la probabilité, dans laquelle intervient l'écart en portée qui est de beaucoup le plus considérable, est faible surtout pour le but se présentant en travers.

Zones dangereuses.- Les tables de tir donnent en outre les zones dangereuses aux différentes distances. Si nous considérons la trajectoire aux environs du point de chute (fig.23), la zone dangereuse pour un but de hauteur 2 H est la distance BC au point

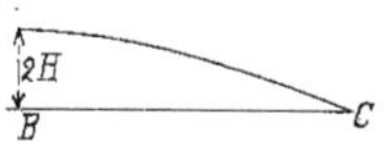

Fig.23

de chute, au delà de laquelle l'ordonnée de la trajectoire devient supérieure à la hauteur du but; on a le plus grand intérêt dans le tir à la mer, à augmenter la zone dangereuse; le tir n'est jamais parfaitement réglé, pour une erreur déterminée en portée, le nombre des coups, au but, sera d'autant plus grand que la zone dangereuse est plus grande, c'est-à-dire que le tir est plus tendu. Nous rencontrons donc là un nouvel argument contre l'emploi du tir courbe

Bien que nous ayons déjà en passant dit un mot de cette question, il ne parait pas inutile d'y insister à nouveau:

La comparaison des chances d'atteindre un but déterminé avec deux bouches à feu différentes se fait souvent en effet en partant de considérations qui constituent une véritable pétition de principes.

Les tables de tir donnent pour chaque distance l'écart probable en portée, hauteur et direction; le plus souvent on se contente de chercher ces éléments et de les combiner avec l'angle de chute et les dimensions du but, ce qui permet à l'aide des tables de calculer le pour cent des coups au but.

On a pu arriver de la sorte à énoncer que le tir courbe était au point de vue de la précision, plus avantageux que le tir tendu et le canon court préférable au canon long et cela malgré que des expériences classiques aient mis en évidence depuis longtemps le peu de précision du tir courbe[1].

L'erreur commise tient à ce que, d'après la façon même dont elles sont établies, les tables de tir donnent les écarts par rapport au point moyen et que l'on ne peut considérer ce point moyen comme étant à la hauteur du but que si, précisément, le tir est réglé. La pétition de principe consiste à supposer, à priori, le tir réglé. Or, toute la difficulté consiste à la régler, on peut même dire que quand le but se déplacera rapidement le tir ne sera jamais réglé au sens strict du mot, c'est-à-dire que la trajectoire moyenne ne passera jamais pratiquement au centre du but.

En résumé, plus le tir est tendu, c'est-à-dire la vitesse initiale forte, plus est faible l'influence des causes d'erreurs invariables surtout à bord: inclinaison des tourillons, correction imparfaite des mouvements relatifs du bâtiment et du but, du vent, etc..., plus grande est la zone dangereuse.

Remarquons en outre que l'augmentation de stabilité de plateforme réduit les erreurs et que par suite l'accroissement de puissance offensive d'un bâtiment provenant d'une augmentation

---

(1) Expériences de Châlons 1886-87 et de Bucarest. Dans ces dernières sur 164 projectiles tirés à 2500^m sur une tourelle, aucun n'atteignit les cuirassements.

notable de déplacement pourra provenir, non seulement du renforcement de son artillerie, mais encore dans une notable mesure de l'augmentation de rendement de cette dernière résultant d'une plus grande stabilité de plateforme .

Les conditions d'établissement de l'artillerie de terre sont différentes, ce qui explique pourquoi l'augmentation des vitesses initiales y est moins recherchée. D'abord elle a en général pour objectif de couvrir de son feu des surfaces horizontales plutôt que d'atteindre un but vertical, en outre, elle a à remplir des conditions de mobilité et de facilités de transport, contradictoires avec l'adoption des très grandes vitesses qui nécessitent des augmentations de poids.

<u>Ecarts dans le tir à la mer</u> - <u>Tirs d'accords</u>.-

Dans tout ce qui précède, nous avons considéré les écarts en supposant que les conditions de tir restaient constantes et abstraction faites de la valeur absolue de ceux-ci.

Or, pour obtenir un tir efficace, il faut réaliser une zone de dispersion la plus faible possible et arriver à placer le point moyen du tir le plus près possible du centre de la cible. Il faut pour cela agir sur les diverses causes qui tendent à écarter d'une part les points de chute du point moyen et d'autre part le point moyen du centre de la cible. Toutes les pièces n'étant pas affectées de la même manière pour les causes d'erreurs, les portées obtenues par chacune d'elles pour les mêmes éléments de pointage seront en général différentes, il n'y aura pas "accord des calibres".

Pour réaliser cet accord désirable, on procède à des tirs de correction et à des tirs d'accord:

Au 1er armement, lors des tirs de vérification d'installation à bord, on tire aux portées de 2000, 6000 et 12000m avec des poudres tarées, un roulis nul et un vent inférieur à 6^m, c'est-à-dire dans les conditions des tirs balistiques que l'on exécute pour la détermination des tables de tir.

Les écarts que l'on obtient proviennent des variations ΔV_0 et $\Delta\alpha$ des vitesses initiales et des angles de projection des diverses pièces.

On a donc pour chacune de ces pièces, 3 équations de la forme
$$\Delta X = A_1 \Delta V_0 + A_2 \Delta\alpha$$
on fait ensuite la correction compensant les écarts aux 3 portées du tir.

Ces tirs sont des tirs de correction et sont éxécutés par toutes les pièces; chacune d'elles doit donner au moins "5 coups bons", c'est-à-dire dont l'écart suivant la règle admise doit être inférieur à 3 écarts probables.

Indépendamment de ces tirs, il est procédé annuellement à des tirs d'accord qui n'ont lieu qu'avec une pièce de chaque installation, de façon à mesurer les écarts dûs aux lots de poudre employés et à l'usure des pièces. Les corrections nécessaires sont alors apportées aux appareils de visée de chaque canon et aux appareils de transmission d'ordres.

$\S$ III .....

§ III – CONDUITE DU TIR.

Exécution des tirs.–

L'exécution d'un tir nécessite la connaissance géographique du but et des écarts balistiques, il est donc nécessaire de déterminer à chaque instant les éléments utiles de pointage (hausse et dérive), la hausse utile étant la distance à un instant donné, augmentée des écarts de réglage en portée; ces derniers d'ailleurs dûs à un grand nombre de causes (aux variations de vitesse initiale, écart de franchissement, de visée, etc...).

Comme on ne peut à chaque instant déterminer les éléments de pointage, on est amené à effectuer un réglage pour lequel il y a cependant intérêt à obtenir la hausse et la dérive initiale avec toute l'exactitude possible. Ce réglage constitue la période préparatoire du tir.

Dans la période suivante, dite de "réglage du tir" on s'efforce d'amener le centre du tir sur le centre de la zone dangereuse du but et enfin ce résultat obtenu on procède au tir d'efficacité en maintenant le contact.

La détermination de distance se fait au télémètre, à l'origine du tir et on tient compte des variations de distance moyenne au moyen du chronotélémètre ou montre Lafrogne.

Appareils de conduite du tir.–

Les appareils de conduite du tir comprennent les appareils de mesure de distances (télémètres), les appareils de chronotélémétrie (plateau calculateur et montre) et enfin les appareils de transmission d'ordres, (de distances, de dérives, de gisement et d'ordres de tir).

Télémètres – Un télémètre doit être à la fois juste et

précis.

La justesse est mesurée par la différence entre la moyenne de mesures fournies par l'instrument et la distance géographique; la précision, par l'écart moyen d'une série de mesures télémétriques sur la même distance.

La condition imposée par la justesse est d'obtenir la distance géographique à un écart moyen près; les télémètres sont groupés par batteries de télémètres qui permettent d'obtenir des valeurs moyennes plus juste qu'avec un appareil isolé.

Le principe des télémètres est le suivant (fig.24). A B étant une distance inconnue , on mesure l'angle α; b étant donné, la résolution du triangle A B C permet d'obtenir A B.

Fig. 24

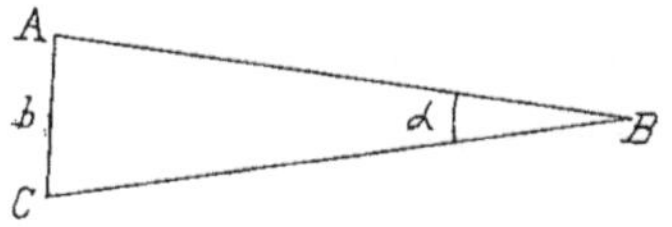

Etant donnés les angles et les distances en cause, on peut admettre $d = \dfrac{b}{\alpha}$.

Cette relation fournit

$$\frac{d.d}{d} = \frac{d\,b}{b} - \frac{d\alpha}{\alpha}$$

Si nous supposons $d\alpha = 0$, nous obtenons

$$\frac{d.d}{d} = d\,\frac{d\,b}{b}$$

les erreurs sont proportionnelles à la distance.

Si au contraire nous avons $db = 0$ (erreur sur l'angle α) il vient

$$d_{,}d = -\frac{d\alpha}{\alpha}\,d = -\frac{d^2}{b}\,d\alpha$$

les écarts sont alors proportionnels au carré de la distance.

Dans les mesures à bord, la base est, soit prise sur le but lui-même, c'est la méthode des hauteurs de mâture employée avec les télémètres portatifs, soit portée par l'instrument, c'est le cas des télémètres de position (monostatiques) en particulier du télémètre Barr et Stroud.

Le télémètre portatif n'est autre qu'une lunette stadimé drique.

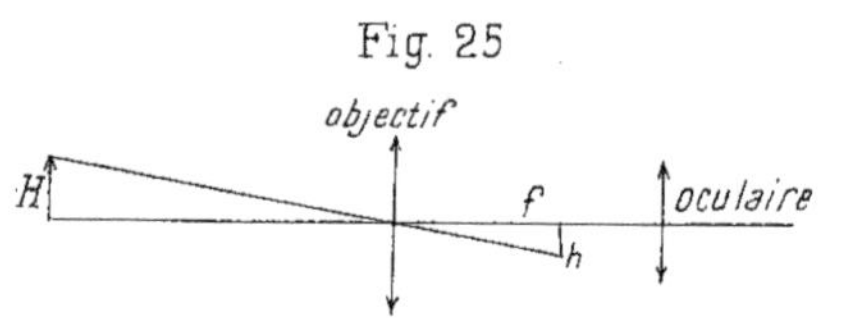

Fig. 25

H étant la hauteur de mâture appréciée et d la distance on a $\dfrac{d}{f} = \dfrac{H}{h}$, d'où $d = \dfrac{f\,H}{h}$, la hauteur h est donnée par un micromètre placé au foyer de l'objectif (fig. 25).

Des dispositions de détail que nous ne décrirons pas ici permettent de substituer à la double coïncidence que nécessiterait l'appareil théorique et qui est difficilement réalisable à bord, une seule coïncidence au moyen d'un dédoublement d'objectif.

Le télémètre Barr et Stroud est constitué comme l'indique la figure 26.

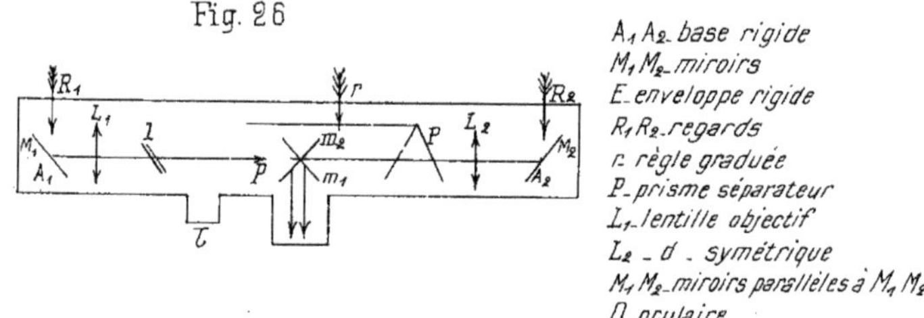

Fig. 26

$A_1\,A_2$ base rigide
$M_1\,M_2$ miroirs
E enveloppe rigide
$R_1\,R_2$ regards
r règle graduée
P prisme séparateur
L_1 lentille objectif
L_2 d. symétrique
$M_1\,M_2$ miroirs parallèles à $M_1\,M_2$
O oculaire

Pour un objet à l'infini les 2 parties droite et gauche de l'instrument donnent deux images confondues, pour un objet à distance finie les deux images sont décalées d'une quantité qui est fonction de la longueur de la base, la mesure de ce décalage donne la valeur de la parallaxe. Ctte mesure s'effectue par lecture de la règle graduée, la rotation du prisme déviateur servant à rétablir la coïncidence des images par déplacement de l'image de droite.

    Plateau calculateur - Le plateau calculateur est destiné à donner graphiquement la vitesse d'éloignement ou de rapprochement du but.

    Le principe en est le suivant (fig.27):

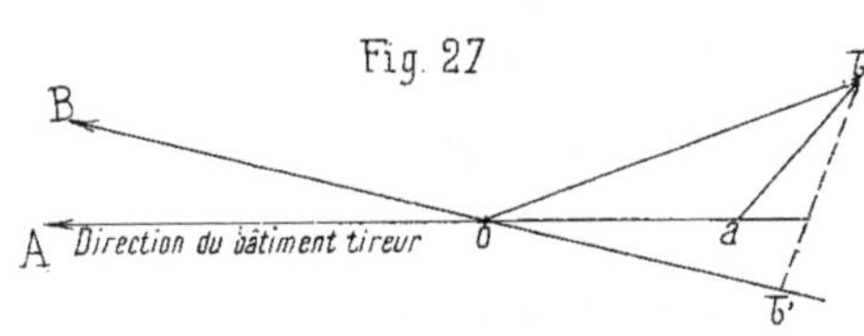

Soit O A la direction du bâtiment tireur. Portons O a en sens inverse de O A, le vecteur O a représentant la vitesse de déplacement de ce bâtiment.

    Si le vecteur a b représente en grandeur et direction la vitesse appréciée du but, O b donnera en grandeur et direction la vitesse relative de ce dernier par rapport au tireur.

    Tant que la vitesse et la direction du but et du tireur restent invariables le triangle O a b reste le même, soit alors B la direction dans laquelle, du point O on relève le but, projetons O b sur cette droite, O b' sera la composante de la vitesse relative suivant le plan de tir et b b' la composante suivant un plan perpendiculaire, la première de ces quantités servira à la correction des distances, la seconde à la correction des dérives.

    La figure 28 montre la disposition de l'appareil:

Croquis....

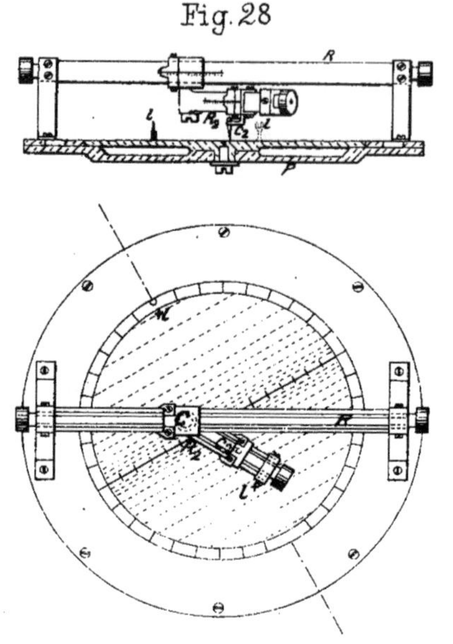

Fig. 28

La réglette R fixe suivant l'axe du bâtiment matérialise la ligne O A de la figure 27.

C_1 curseur mobile sur R.

R_2 règle mobile avec curseur à style C_2 donnant a b.

P limbe mobile, entraînant l'alidade l l que l'on dirige sur le but. Une graduation du limbe suivant des perpendiculaires à l permet les lectures directes.

Sur les bâtiments récents, le plateau calculateur est conjugué avec l'appareil de transmission envoyant les gisements, le servant chargé du plateau calculateur en même temps qu'il vise sur le but, fait déplacer une aiguille sur l'indicateur de gisement et le servant qui transmet l'indication aux pièces n'a qu'à amener une autre aiguille en coïncidence avec la première.

Cette disposition d'appareils conjugués est d'ailleurs adoptée maintenant d'une façon générale par tous les appareils transmetteurs de façon à supprimer aux servants une lecture source d'erreurs possibles et réduire leur rôle à la mise en coïncidence de deux aiguilles.

<u>Indicateur continu des hausses</u> - Cet appareil destiné à fournir constamment la hausse à envoyer aux pièces, doit par suite enregistrer simultanément la distance donnée par les télémètres, les variations indiquées par le plateau calculateur et les modifications de hausses ou bonds prescrits pour le réglage.

C'est en principe une montre à vitesse variable, un système particulier d'engrenages permet par le moyen d'une série de touches l'introduction de diverses vitesses.

Appareils de transmission - L'organisation du tir nécessite l'installation d'appareils de transmission d'ordres concernant
les éléments de pointage et les ordres de feu; ces transmissions
sont des transmissions instantanées, électriques autrefois, aujour-
d'hui hydrauliques, l'appareil Germain est encore actuellement le
plus répandu parmi ces derniers.

On s'est proposé dans ces dernières années, ainsi que
nous l'avons déja signalé, de réaliser la commande des hausses à
distance, de façon que l'Officier de tir pût faire placer les appareils de visée des différentes pièces à l'angle et à la dérive par
commande directe et simultanée, au lieu de transmettre aux pièces
les éléments de pointage d'après lesquels les servants de hausse
placent les appareils de visée à l'angle et à la dérive donnée.

Le procédé recherché évite les erreurs de placement, rend
les transmissions un peu plus rapides et on espérait en outre qu'il
permettrait d'économiser les servants de hausse.

L'appareil employé est un appareil électrique, système
Routin, nous ne le décrirons pas ici.

Il est conjugué avec un appareil de mise à l'angle sans
lecture et l'appareil Routin commandant directement la hausse, le
précédent ne sert en quelque sorte que de contrôleur de fonctionnement. Ce dispositif n'a pas permis l'économie du servant de hausse dont la présence est nécessaire en cas de non fonctionnement,
mais les avantages qu'il présente sont encore des plus appréciables - et spécialement dans le cas du tir de nuit contre les tor-
pilleurs où la difficulté d'éclairage des appareils de mise à l'angle expose toujours à des erreurs.

Artillerie (3ᵉ Cahier)

Chapitre III
Explosifs
et
Balistique intérieure

§ I - EXPLOSIFS.

Définition - Etude en vase clos - Potentiel des explosifs - Modes d'explosion: combustion et détonation - Explosions dans l'air et explosions sous-marines.

Poudres de guerre - Poudres colloïdales - Fabrication des poudres à la nitrocellulose.

Conservation des poudres B - Stabilité chimique - Epreuves - Variations balistiques des poudres - Constitution des charges - Allumage.

Recettes des poudres B.

Combustion de la poudre dans le canon - Ecouvillonnage.

§ II - BALISTIQUE INTÉRIEURE.

1° - Balistique intérieure théorique.

2° - Balistique intérieure expérimentale.

Mesure des pressions dans l'âme - Expériences en recul libre.

§ I - EXPLOSIFS

<u>Définitions</u>.- On appelle explosif tout corps susceptible de se transformer rapidement en gaz à haute température. L'action de l'explosif est d'autant plus énergique que la masse gazeuse est considérable et que le temps de la réaction est court.

Les explosifs sont de deux sortes:

1°) Ceux qui sont constitués par des mélanges;

2°) Les composés définis.

Les premiers comprennent des corps combustibles tel que le charbon et le soufre, et des corps comburants susceptibles de fournir une grande quantité d'oxygène, par exemple des azotates, des chlorates, etc...L'ancienne poudre appartient à cette catégorie.

Les seconds contiennent dans leurs éléments constituants combustibles et comburants: tels sont les nitroglycérines, le coton poudre, le picrate de potasse, etc....

<u>Composition des explosifs</u>.-

a) Les poudres noires, qui appartiennent à la 1ère catégorie, sont un mélange intime de soufre, de charbon et de salpêtre dans les proportions suivantes:

	Charbon	Soufre	Salpêtre %
pour les anciennes poudres......	12,5	12,5	75
pour les poudres) d'abord (A)....	15	10	75
plus récentes) puis ensuite (PB	19	3	78

b) Dans la seconde catégorie, nous citerons:

Les explosifs résultant de l'action de l'acide azotique sur certains corps composés de carbone et d'hydrogène, et souvent aussi d'oxygène et dont la formule générale est C^a H^b O^c.

La réaction est définie suivant les cas par l'une ou l'autre des égalités suivantes

$$C^a H^b O^c + n (Az O^3 H) = C^a H^{b-n} O^{c-n} (Az O^3 H)^n + n H^2 O$$

$$C^a H^b O^c + n (Az O^3 H) = C^a H^{b-n} O^c (Az O^2)^n + n H^2 O$$

. Dans le 1er cas on obtient des éthers azotiques, décomposables par les alcalis avec régénération de l'acide azotique et de l'alcool; dans le 2e cas, on obtient des "corps nitrés" non susceptibles d'être dédoublés et de reproduire les corps générateurs.

Les éthers azotiques qui nous intéressent spécialement sont la nitroglycérine et les nitrocelluloses, parmi lesquelles se trouve le coton-poudre.

Ces divers explosifs résultent des actions suivantes de l'acide azotique:

Avec la glycérine $C^3 H^8 O^3$ et $n = 3$, on obtient la nitroglycérine $C^3 H^5 (Az O^3 H)^3$.

Avec la cellulose $C^{24} H^{40} O^{20}$, on obtient:

pour $\begin{cases} n = 11 \\ n = 10 \end{cases}$ les cotons-poudres $\begin{cases} C^{24} H^{29} O^{20} (Az O^2)^{11} \\ C^{24} H^{30} O^{20} (Az O^2)^{10} \end{cases}$

ou celluloses endécanitriques et décanitriques

pour $\begin{cases} n = 9 \\ n = 8 \end{cases}$ les collodions $\begin{cases} C^{24} H^{31} O^{20} (Az O^2)^9 \\ C^{24} H^{32} O^{20} (Az O^2)^8 \end{cases}$

ou celluloses ennéanitriques et octonitriques.

Les cotons-poudres sont insolubles dans le mélange d'alcool et d'éther sulfurique, les collodions sont solubles dans ce mélange. Ces deux catégories de celluloses nitriques sont employées à la fabrication des poudres B, la première est appelée CP_I, la seconde CP_2.

Les corps nitrés employés proviennent des hydrocarbures de la série aromatique et des alcools correspondants

Benzine $C^6 H^6$ et son alcool (phénol) $C^6 H^6 O$

Toluéne $C^7 H^8$ et son alcool (crésol) $C^7 H^8 O$

Sur ces corps l'action de l'acide azotique donne entre autres :

Avec le phénol et n = 3, le trinitrophénol ou acide picrique (mélinite) $C^6 H^3 (Az O^2)^3 O$ et ses sels

Avec le crésol et n = 3, le trinitrocrésol ou crésylite $C^7 H^5 (Az O^2)^3 O$

A cette catégorie d'explosifs chimiques se rattache le fulminate de mercure obtenu en traitant l'alcool par l'azotate de mercure. Ce corps, dont la formule est $C^2 Hg O^2 Az^2$ qui a un rôle capital dans les applications détone par inflammation ou par choc et sert à provoquer la détonation d'autres explosifs.

<u>Etude des explosifs en vase clos</u>.- Il est nécessaire de pouvoir évaluer l'énergie rendue utilisable par un explosif au moment de son changement d'état et d'étudier le mode de décomposition de cet explosif. Si dans certains cas les pressions développées peuvent être mesurées expérimentalement il en est d'autres où cette détermination est impossible dans le cas des projectiles, il par exemple est donc d'une importance capitale de pouvoir calculer ces pression.

Ces déterminations reposent sur les considérations suivantes. Les gaz résultant de la décomposition des explosifs ont pour équation caractéristique à haute température l'équation de Clausius

$$P (V - \alpha) = R T$$

dans laquelle T représente la température absolue des gaz en degrés centigrades,

V son volume spécifique en décimètres cubes,

P la pression en kilog. par centimètre carré,

α un coefficient spécifique des gaz, appelé covolume,

R une constante égale à $\dfrac{P_0 V_0}{273}$, P_0 étant la pression atmosphérique normale et V_0 le volume spécifique du gaz sous cette même pression et à la température de 0°.

Cette équation ne diffère de l'équation caractéristique des gaz parfaits que par l'introduction de la constante spécifique α . Pour les gaz usuels, le rapport $\dfrac{\alpha}{V_0}$ est toujours voisin de $\dfrac{1}{1000}$.

Supposons qu'on fasse brûler un poids ϖ d'explosif dans un volume de capacité S, le volume spécifique des gaz provenant de la combustion sera, en supposant l'absence de tout résidu solide, $\dfrac{S}{\varpi}$.

On pourra donc écrire en désignant par Δ la densité de chargement $\dfrac{\varpi}{S}$

$$P (1 - \alpha \Delta) = R T \Delta$$

d'où

$$P = R T \frac{\Delta}{1 - \alpha \Delta}$$

expression que l'on remplace par

$$P = f \frac{\Delta}{1 - \alpha \Delta}$$

$f = R T$ étant la "force de l'explosif". Cette formule est celle de Noble et Abel.

Elle montre que la pression développée par une explosion en vase clos est proportionnelle à la force de l'explosif et varie dans le même sens que son covolume et que la densité de chargement.

La détermination de ces valeurs de α et de f s'obtient en effectuant en vase clos deux expériences de combustion à des densités de chargement différentes et en mesurant chaque fois la pression maximum .

Ces valeurs, que l'expérience montre constantes pour un explosif donné, sont des caractéristiques de cet explosif.

La mesure de la pression en vase clos s'effectue dans la

bombe manométrique.

Cet appareil se compose essentiellement d'un tube cylindrique en acier très résistant, taraudé à ses extrêmités pour recevoir des bouchons en acier filetés assurant une fermeture hermétique.

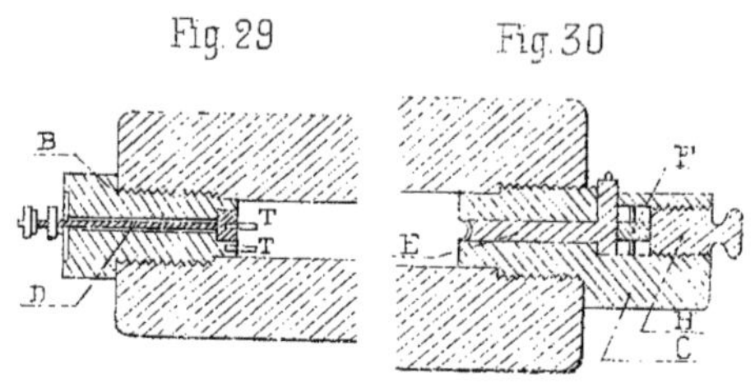

Fig.29   Fig.30

Le bouchon B (fig.29) sert à l'inflammation de la charge, cette inflammation est obtenue électriquement par l'incandescence d'un fil de platine tendu entre deux bornes T placées à la surface intérieure du bouchon.

Le bouchon C renferme un appareil pour mesurer la pression, appareil crusher dont nous reparlerons prochainement. Un piston mobile E porte une petite plume en acier dont la pointe s'appuie sur un cylindre tournant recouvert de noir de fumée; l'axe du cylindre est parallèle à l'axe du piston. Sous l'action des gaz de la poudre, le piston écrase le cylindre crusher F, (cylindre de cuivre de 13 $^m/_m$ de hauteur sur 8 $^m/_m$ de diamètre); une table donnant les pressions supportées en fonction des écrasements de ce cylindre a été préalablement établie au moyen d'une presse manométrique.

Avant l'explosion, la plume trace sur le cylindre noirci une circonférence. Lorsque le piston se déplace sous l'action de la pression des gaz, la plume trace une courbe jusqu'à l'établissement de la pression maxima (fig.31).

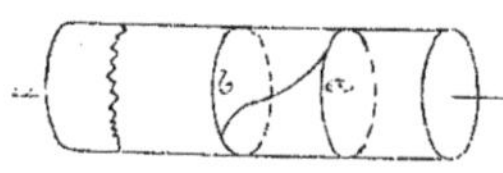

Fig.31

A partir de ce moment, la plume décrit une nouvelle circonférence b. On mesure la vitesse de

rotation du cylindre en y inscrivant, au moment de l'inflammation,
le tracé d'un diapason électrique taré.

Outre la mesure de la pression maxima, on fait le relevé
des ordonnées de la courbe d'écrasement en fonction des longueurs
de circonférence prises pour abscisses; l'on en déduit la loi de
variation $\frac{\Delta p}{\Delta t}$ en fonction du temps; le maximum trouvé pour le rapport $\frac{\Delta p}{\Delta t}$ s'appelle coefficient de vivacité de l'explosif.

Le coeeficient de vivacité varie avec la densité de chargement.

Les expériences de mesure comparatives de vivacité s'ef-
fectuent en général à la densité de 0,2. Une poudre est dite plus
lente qu'une autre lorsque le coefficient de vivacité de la première est plus faible que celui de la seconde, dans le cas contraire
elle est dite plus vive.

Potentiel des explosifs.-

Conformément au principe de la conservation de l'énergie,
l'énergie mécanique résultant de l'explosion doit entièrement provenir de la chaleur libérée par celle-ci.

Si q représente la quantité de chaleur (en grandes calo-
ries) libérées par la décomposition de 1 kilog d'explosif et E l'é-
quivalent mécanique de la chaleur, E q exprimé en kilogrammètres
mesurera par suite le travail maximum pouvant être engendré par
l'explosion. On a donné à ce produit le nom de potentiel de l'explosif.

La mesure des quantités de chaleur s'effectue également
au moyen d'une bombe que l'on plonge dans l'eau d'un calorimètre.
La variation de température observée dans le calorimètre permet
d'apprécier la chaleur dégégée par l'explosion. Au moyen d'un ajutage à vis obturant hermétiquement, on peut recueillir les produits

de l'explosion après refroidissement et déterminer leur constitution chimique.

Connaissant la constitution chimique des gaz de l'explosion, on peut calculer leur covolume   et la valeur de la constante R afférente au mélange; V étant le volume de l'éprouvette manométrique, P la pression accusée par les crushers du même appareil, on en déduit T par la relation

$$P\ (V - \alpha) = R\ T$$

Voici pour quelques explosifs les valeurs ainsi déterminées

	Q (calories)	Potentiel (en tonnes-mètres)	f	α	$t = T - 273$
Poudre noire (poudre de guerre)	637	271	3193	0,488	2751
Nitroglycérine..................	1590	677	10084	0,712	3469
Coton-poudre....................	1073	457	9701	0,859	2710
Acide picrique.................	767	319	8964	0,877	2427
Fulminate de mercure...........	407	173	4529	0,314	3533

<u>Modes d'explosion</u>.- L'explosion peut se produire suivant deux modes limites très différents, appelés l'un combustion, l'autre détonation.

1°) <u>Combustion</u> - Supposons qu'on élève progressivement la température en un point quelconque de l'explosif jusqu'à décomposer une portion de la substance, si rien ne s'oppose à la libre dispersion des gaz, ceux-ci se détendent et en raison du refroidissement n'échauffent qu'une petite partie de la matière voisine. Cette nouvelle portion explose à son tour dans les mêmes conditions et la déflagration se propage ainsi de proche en proche par échauffement.

Lorsqu'un explosif renferme assez d'oxygène pour brûler complètement les éléments combustibles qu'il contient, cette combustion se produit effectivement et la composition des produits est déterminée, c'est le cas par exemple de la nitroglycérine.

Des mélanges de comburants et de combustibles en proportions convenables, la poudre noire, rentrent également dans ce cas.

Dans le cas où l'explosif ne renferme pas assez d'oxygène pour brûler les combustibles qu'il contient, la réaction ne peut plus être déterminée qu'expérimentalement et elle varie, bien entendu, avec les conditions de l'expérience.

Si l'on considère la nature des produits, on constate pour la poudre noire environ 44 % en poids de gaz et 56 % de résidus solides, alors que le coton-poudre ne donne que des résidus gazeux. L'entrainement des résidus solides par les gaz cause la fumée que fournit la poudre noire et l'encrassement des armes.

Dans les explosifs azotés, les produits de la combustion sont de l'acide carbonique, de l'oxyde de carbone, de l'eau, de l'azote, de l'hydrogène; quand la densité de chargement croît, les proportions de CO^2 et de H augmentent, celles de Az, de CO et de H^2O diminuent. Le formène CH^4 apparait à une densité voisine de 0,2 et sa production croît avec cette densité, il est fourni en faible quantité par le coton-poudre, davantage par l'acide picrique.

Il importe de remarquer que les explosifs de cette catégorie donnent toujours par décomposition, de l'oxyde de carbone.

2°) <u>Détonation</u> - Supposons qu'un choc très violent se produise en un point de la substance. La transformation de force vive en chaleur ne se fera que dans la partie intéressée par le choc, laquelle pourra être assez échauffée pour exploser. Si la production des premiers gaz est, en outre, suffisamment brusque

pour que les particules des corps n'aient pas eu le temps d'effectuer un déplacement sensible, la formation de cette masse gazeuse
produira un nouveau choc aussi violent que le premier sur les couches en contact avec elles et la force vive de ce nouveau choc se
transformant en chaleur déterminera l'explosion d'une nouvelle cou-
che de matières; d'ailleurs l'énergie libérée par ce mode de décomposition est supérieure à celle produite par la combustion.

La propagation de la déflagration dans ce régime est com-
parable à celle de l'onde sonore, il se produit une véritable onde
explosive qui chemine à une vitesse incomparablement plus grande
que celle de la simple inflammation, de 1000 mètres par seconde
pour la nitroglycérine à 5000 à 7000 mètres pour les explosifs azotés renfermés dans des tubes de plomb.

La détonation est obtenue quelquefois par influence, c'es
le cas où l'ébranlement résultant de l'explosion d'une première
charge constitue le choc qui provoque l'explosion d'une charge voisine. L'onde explosive est ici d'ordre physique et l'intensité du
choc varie en raison inverse du carré des distances, tandis que
dans le cas envisagé précédemment, l'intensité du choc reste sensiblement constante dans une direction déterminée.

Dans la pratique, on réalise le choc violent nécessaire
à la création du régime de détonation en ayant recours à une substance explosive intermédiaire constituant un détonateur - on emplo
généralement à cet effet le fulminate de mercure.

Les deux modes de decomposition - combustion et détonation - sont des modes limites et entre ces deux limites, il existe
une série de régimes intermédiaires de propagation dont aucun ne
constitue un régime régulier.

On observe en effet que le passage d'une limite à l'autre

s'accompagne de mouvements violents, de déplacements de matières
pendant lesquels la propagation de l'explosion s'opère en vertu
d'un mouvement vibratoire d'amplitude croissante et avec une vitesse de plus en plus grande.

C'est ainsi que le régime de combustion développé dans
des conditions de pression progressivement croissantes finit par
passer au régime de détonation. Ce point est important à retenir,
car si on utilise dans une bouche à feu la combustion d'une substance susceptible de détoner, il y aura lieu d'être circonspect
quant à la fixation du maximum de pression afin de ne pas causer
le passage d'un régime à l'autre, ce qui pourrait occasionner des
accidents graves.

Toutes choses égales d'ailleurs, l'état physique de l'explosif a une grande influence sur la nature de l'explosion. C'est
ainsi que le coton-poudre mis sous forme colloïdale ne peut plus
se décomposer que sous le régime de combustion, propriété qui a
permis l'emploi des poudres à base de coton-poudre dans les bouches
à feu. D'autre part, la mélinite à l'état pulvérulent est extrêmement sensible à l'excitation d'un détonateur, mais si on la comprime sa sensibilité diminue à tel point que sous de fortes compres-
sions on n'obtient plus sous l'action d'amorces au fulminate que
des détonations incomplètes, caractérisées par des fumées jaunes au
lieu de fumées noires.

Explosions dans l'air et explosions sous-marines.- La
brusque production d'une masse gazeuse sous pression donne naissance dans l'air à une onde condensée d'une vitesse très grande d'a-
bord, puis décroissant ensuite jusqu'à la vitesse du son, elle est
suivie immédiatement d'une dépression. Cette onde de pression diffère essentiellement de l'onde explosive dont la vitesse de propa-

cation et l'intensité restent, nous l'avons dit, constantes.

En supposant qu'aucun obstacle ne vienne perturber la propagation de l'onde aérienne d'explosion, la Commission des substances explosives a reconnu que le rayon limite des effets dangereux de l'onde pouvait être donné par la formule $d = K \sqrt{c}$, c étant le poids de la charge en kilog, K un coefficient spécifique de l'explosif en cause et du degré de sécurité à réaliser. Il en résulte que, toutes choses égales d'ailleurs, les effets destructeurs de cette onde aérienne "effets de souffle" ne sont proportionnels qu'à la racine carrée du poids de la charge.

En ce qui concerne les explosions sous-marines, l'étude de leurs effets est peu avancée en raison des difficultés matérielles et des dépenses très élevées que nécessite l'organisation des expériences, mais la théorie a pu déja fournir quelques données à ce sujet.

La formule d'Abel que nous avons citée $p = \dfrac{f \Delta}{1 - \alpha \Delta}$ montre que la pression, théoriquement au moins, devient infinie pour une valeur de la densité de chargement égale à $\dfrac{1}{\alpha}$. En fait cela signifie que, dans tous les cas où cette densité limite est inférieure à celle de la matière explosive elle même, il est possible de développer dans l'espace occupé par la charge une pression supérieure à toute grandeur expérimentale donnée.

Si nous comparons la densité limite en question $\Delta' = \dfrac{1}{\alpha}$ et la densité réelle de la matière δ, nous obtenons le tableau suivant:

Tableau....

Explosifs	Δ'	δ
Poudre noire..........................	2,05	1,78 à 1,82
Nitroglycérine........................	1,4	1,6
Coton-poudre..........................	1,16	1 à 1,2
Acide picrique........................	1,14	1,5 à 1,6
Fulminate de mercure..................	3,18	4,43

On voit qu'avec la poudre noire on ne peut arriver à réaliser la densité limite et qu'avec le coton-poudre on arrive près de la limite.

Pour les autres substances: nitroglycérine, acide picrique, fulminate de mercure, on peut donc obtenir dans des capacités invariables des pressions dépassant toute grandeur imaginable.

En réalité, aucune paroi solide ne résiste à ces actions. Lorsque l'explosion a lieu sous l'eau, la compressibilité du liquide qui atteint déja 11 % pour des pressions de 3000 kg par centimètre carré permet aux produits gazeux de se loger, néanmoins la pression est encore très considérable .

En supposant la densité de chargement égale à la densité même de la matière, hypothèse qui n'est pas très éloignée de la réalité pour les explosifs usuels, on peut calculer exactement la valeur de la pression.

Cette valeur est donnée par la formule[1]

$$P = \frac{1}{q}\left[\frac{1}{2}\ \frac{\beta\,A}{a} + \sqrt{\frac{\beta^2\,A^2}{a^2}\ \frac{1}{4} + \frac{b\,A}{a}}\right]$$

a est la vitesse du son dans le fluide (14,540)

q est le coefficient de compressibilité (0,000000453)

x_0 est le rayon de la charge supposée sphérique

---
(1) Colonel Jacob - Ecole Supérieure de la Marine.

δ est la densité de la matière

ϖ est le poids de la charge

α est le covolume des gaz

f est la force de l'explosif

A est la vitesse de propagation de l'onde chimique

et enfin
$$b = \frac{f \, \delta}{3} q$$

$$\beta = \frac{\delta}{3} \left(\alpha - \frac{1}{\delta} \right)$$

La quantité A est liée à la durée θ de la décomposition de la substance par la relation $\theta = \dfrac{x_0}{A}$, une expérience faite sur des cordeaux détonants permettra d'en obtenir une valeur approchée. Toutes les autres quantités contenues dans l'équation seront connues par des expériences de laboratoire.

Cette formule met en évidence les qualités requises pour un explosif destiné à agir comme torpille, P sera en effet d'autant plus considérable que $\dfrac{A}{a}$ sera plus fort, c'est-à-dire a étant fixe, que A sera grand - La vitesse de l'onde chimique devra donc être considérable.

La pression sera encore d'autant plus forte que β sera grand, c'est-à-dire qu'il y aura de différence entre la densité limite et la densité vraie de la substance.

Enfin P croît avec b, c'est-à-dire avec la force de l'explosif, mais l'explosif le plus fort ne sera pas nécessairement celui qui donnera la plus forte pression.

D'autre part, les pressions diminuent rapidement quand la densité de chargement décroît, à cet égard tout dispositif diminuant dans une torpille cette densité de chargement sera donc très mauvais.

Poudres de guerre......

<u>Poudres de guerre.-</u>

On désigne sous le nom de poudres, les **explosifs** utilisés dans les bouches à feu pour la propulsion des projectiles. Les premières poudres employées furent les poudres noires qui permirent d'obtenir avec des pressions modérées et le projectile sphérique des vitesses de 550 à 600^m.

Lors de l'apparition de l'artillerie rayée en 1858, la vitesse initiale descendit, par suite de l'augmentation de poids du projectile à une valeur comprise entre 300 à 350 mètres; pour la ramener à une valeur supérieure il fallait, ainsi qu'il a été expliqué au début de ces conférences, créer des poudres moins vives, on fabriqua alors des poudres à gros grains dont on proportionna la grosseur au calibre. Les premières de ces poudres provenaient de la poudrerie de Wetteren en Belgique, puis vinrent les poudres A possédant des qualités analogues, livrées par les Poudreries françaises. Enfin apparurent les poudres prismatiques brunes ou poudres P B qui diffèrent des poudres noires antérieures en particulier par le dosage des constituants: 78 parties de salpêtre, 3 de soufre, 19 de charbon.

La forme des grains et la disposition d'arrimage en résultant permirent un mode de combustion grâce auquel on put réaliser les vitesses initiales antérieures avec des poids de poudre moindres et des pressions également plus faibles.

On peut se rendre compte ainsi des conditions que doivent remplir les poudres. Considérons une charge déterminée dont nous supposons l'inflammation assurée dans des conditions convenables, nous négligerons la durée de cette inflammation par rapport à la durée de combustion. Nous admettrons en outre que la combustion se propage en chaque point normalement à la surface du grain.

Si S est la surface du grain à un moment donné, v la vitesse de la combustion de la poudre, qui dépend de la pression, le volume de poudre brûlée pendant le temps Δt sera, si δ est la densité réelle de la poudre

$$\Delta \varpi = S \, v \, \delta . \, \Delta t$$

Le rapport $\dfrac{\Delta \varpi}{\Delta t} = S \, v \, \delta$ s'appelle vitesse d'émission. On voit que celle-ci est proportionnelle:

1°) A la vitesse de combustion v et croît par suite avec la pression,

2°) A la densité réelle δ et à la surface restante S du grain.

La vitesse de combustion est liée à la pression par une relation de la forme

$$\frac{v}{v_0} = \left(\frac{p}{p_0} \right)^{\alpha}$$

v_0 étant la vitesse de combustion sous la pression atmosphérique p_0 ; la valeur du coefficient α est de 1/2 pour les poudres noires, de 3/4 pour la poudre B.

Pour une poudre en grains, S diminue dès le début, mais comme v va en croissant, il y a dans les premiers moments de la combustion, un certain jeu de compensation entre ces quantités et $\dfrac{\Delta \varpi}{\Delta t}$ peut croître d'abord, la vitesse d'émission atteindra son maximum à un moment plus ou moins éloigné de l'inflammation. Au bout d'un certain temps la pression ayant atteint son maximum, v cesse de croître et S diminue toujours, la vitesse d'émission décroît et il arrive un moment où elle n'est plus suffisante pour compenser la chute de pressions due à l'accroissement de volume créé par le déplacement du projectile et la perte de calorique correspondant au travail intense dépensé pour mettre ce dernier en mouvement. La chute de pression sera d'autant plus grande que la vitesse d'émission diminuera plus vite.

En résumé, quelle que soit la poudre employée, on aura avantage à réaliser une vitesse d'émission, relativement faible au début mais ne diminuant que lentement; comme cette vitesse est proportionnelle à S, il conviendra d'augmenter la grosseur des grains et d'adopter des formes telles que la surface varie peu. C'est le cas des poudres tubulaires brûlant simultanément par l'extérieur et par l'intérieur, des poudres en bandes plates; on peut aussi agir sur la densité de la poudre en faisant croître celle-ci de la surface au centre -c'était le cas des poudres de Wetteren; ce dernier procédé est d'une réalisation assez difficile et d'une application évidemment assez limitée.

<u>Poudres colloïdales.-</u>

La découverte des premiers explosifs nitrés, vers 1846, suggéra l'idée de les utiliser pour le chargement des bouches à feu. Mais, après de nombreux essais au cours survinrent des éclatements assez fréquents, l'idée fut abandonnée.

Cependant la force de ces explosifs jointe à l'absence de fumée et de produits solides dans la combustion, rendait leur emploi séduisant; mais il fallait trouver un moyen de régler la combustion. M. Vieille y parvint en 1886 en gélatinisant la nitrocellulose; on obtenait ainsi une matière colloïdale compacte dont la force était celle du coton-poudre qui la constitue, mais qui, incapable de détoner, ne pouvait plus exploser que par combustion.

Le coton-poudre étant jusqu'à présent, la seule substance explosive pouvant prendre l'état colloïdal, constitue l'élément essentiel de toutes les poudres actuellement en service.

Tantôt le coton-poudre est employé pur, tantôt il contient des quantités plus ou moins notables de nitroglycérine (de 0 à 50 %).

La France, la Russie et les Etats-Unis emploient des poudres à la nitrocellulose pure, tandis que l'Angleterre, l'Allemagne, l'Italie et le Japon font usage de poudres à la nitroglycérine (cordite et balistite).

Les premières étant un peu moins fortes que les secondes nécessitent un poids de charge plus grand. D'autre part, la température de combustion des nitrocelluloses pures étant inférieures à celle du binaire coton-poudre et nitroglycérine, les effets d'érosion résultant de l'emploi des premières seront en général moindres que ceux dus à l'usage des balistites.

Fabrication des poudres à la nitrocellulose.

Voici, exposé très sommairement le mode de fabrication de ces poudres en France.

Les poudreries reçoivent le coton-poudre d'établissements spécialement affectés à la fabrication de ce produit. Afin d'assurer la sécurité des transports et des munitions, ce coton est additionné de 30 % d'eau et cet en état qu'il est reçu par les poudreries.

La première opération consiste à mélanger le coton-poudre soluble (CP_2) et le coton-poudre insoluble (CP_I) dans la proportion voulue. Ce mélange doit être aussi homogène que possible. L'opération terminée, on procède à la déshydratation soit à la presse soit dans des turbines.

Dans ce dernier procédé le coton humide est placé dans des turbines essoreuses tournant à grande vitesse et au centre desquelles coulent des filets d'alcool à 95°. Sous l'action de la force centrifuge, l'alcool se déplace vers la périphérie en chassant devant lui l'eau mélangée d'alcool que l'on recueille à la sortie de l'appareil.

La déshydratation au moyen des presses s'obtient par déplacement mécanique de l'eau par l'alcool sous l'action d'un piston de presse hydraulique.

Le coton-poudre débarrassé de son eau et mouillé d'alcool est ensuite introduit dans des pétrins mécaniques avec le volume d'alcool-éther nécessaire pour le réduire à l'état pâteux. Le stabilisant, dont le rôle sera expliqué plus loin, est ajouté avec l'éther. On malaxe ensuite le mélange. A sa sortie des malaxeurs, la pâte est mise dans des presses dont elle sort par une filière dont l'ouverture varie suivant la forme à obtenir, en bandes pour la poudre B.

Après étirage, la poudre est essorée puis découpée aux dimensions convenables. Les éléments sont ensuite traités de façon à éliminer le dissolvant en excès.

On y parvient, soit par des séchages à l'air ou à l'étuve à 55° pour les poudres minces, soit par des séries alternées de trempages à l'eau chaude et de séchages à l'étuve pour les poudres épaisses. Après cette dernière opération, la poudre est mise en caisse et prête à subir les épreuves de recette.

Les poudres de la Marine sont désignées par les lettres BM suivies d'un indice d'autant plus élevé que l'épaisseur de la poudre est plus forte; les poudres existant actuellement sont les suivantes :

$$BM_1 \ BM_2 \ BM_3 \ BM_5 \ BM_7 \ BM_9 \ BM_{10} \ BM_{11} \ BM_{13} \ BM_{15} \ BM_{16} \ BM_{17}.$$

Plus les poudres sont épaisses, plus elles brûlent lentement dans la bombe et plus leur coefficient de vivacité est faible; les poudres les plus épaisses sont employées dans les plus gros calibres.

On ajoute aux lettres BM l'indication du stabilisant employé; par exemple AM8, alcool amylique à 8 %

D2 diphénylamine à 2 %.

Conservation des poudres B - Stabilité chimique.-

Les poudres B subissent avec le temps une décomposition
progressive et cette décomposition peut même, dans certaines circonstances, donner lieu à une inflammation spontanée; la décomposition se manifeste par la production d'acides donnant une réaction
au tournesol et l'apparition de taches d'abord blanches, puis jaunes verdâtres.

Cette décomposition, dans laquelle le coton-poudre se dé-
nitre a été attribuée pendant longtemps à l'instabilité de ce coton-poudre; or des recherches faites à ce sujet ont montré que le
coton-poudre seul se décompose moins vite que dans les poudres et
surtout les poudres épaisses. Les causes de ce phénomène ne sont
pas absolument certaines, il parait cependant que la présence du
dissolvant qu'on élimine d'autant plus difficilement que la poudre
est plus épaisse, n'est pas sans influence sur cette décomposition.

Le problème que l'on poursuit est donc le suivant:

Amener le coton-poudre dans les poudres à une vitesse de
dénitration ne dépassant pas celle du coton-poudre seul. On agit
dans ce but au moyen de stabilisants qui doivent fixer les produits
de décomposition au fur et à mesure de leur production, en formant
des corps stables, incapables de réagir ensuite sur le coton-poudre.
Ce rôle rempli jusqu'à ces dernières années par l'alcool amylique
(à 8 %) est attribué avec avantage (depuis 1910) à la diphénylamine (à 2 % pour les poudres épaisses, à 1,5 % pour les poudres minces).

L'influence de la température sur la conservation des

poudres est capitaleet on admet que le temps mis par une poudre à
se décomposer est relié à la température t à laquelle elle est soumise, par une relation expérimentale de la forme

$$n = N\,e^{-\alpha t}$$

où N représente le nombre de mois que la substance met à se décomposer à la température de 0°, n étant le nombre de mois exigé pour
la décomposition à la température t et α une constante.

Cette loi est utilisée dans l'épreuve de stabilité dont
nous parlerons plus loin. Malgré sa forme mathématique, il ne faut
évidemment pas appliquer cette loi d'une façon absolue et lui faire dire plus qu'elle ne prétend représenter, il convient d'être
prudent dans son application. Il faut observer d'ailleurs que les
caractères de la décomposition d'une poudre ne sont pas parfaitement définis et que la reconnaissance de l'avarie d'un brin dépend
beaucoup du caractère de l'épreuve destinée à la déceler.

Quelle que soit la valeur de la formule, il est incontes-
table que la conservation de la poudre est d'autant mieux assurée
que la température des locaux où elle est entreposée est plus basse
d'où la nécessité de limiter la température des soutes.

Cette limite a été fixée en 1893 à 35°; dès la catastrophe de l'Iéna, on a envisagé sa réduction à 25°.

Une réglementation stricte fixe également les conditions
pour les divers types de bâtiments et leurs lieux de stationnement.

Des thermomètres à maxima et à minima placés dans les
soutes permettent de relever journellement les températures extrêmes; par ailleurs des tubes témoins placés dans les endroits les
plus chauds contiennent de la poudre qui est examinée fréquemment
et soumise aux épreuves de stabilité.

Enfin, depuis la catastrophe de la "Liberté", on a fixé une

limite de 4 ans à l'âge des poudres conservées à bord; des visites plus fréquentes qu'autrefois ont été également imposées.

<u>Epreuves de stabilité.-</u>

Nous avons indiqué précédemment la loi exponentielle paraissant fixer la durée de conservation d'une poudre. Il résulte de cette loi que l'on peut évaluer en quelque sorte la stabilité d'une poudre en la chauffant à une température déterminée aussi élevée que possible de manière à diminuer corrélativement la durée de l'épreuve et en notant le temps nécessaire à sa décomposition.

L'épreuve comporte une série de chauffages à la température de 110° sur un poids déterminé de poudre jusqu'à rougissement du tournesol; ces chauffages étant séparés par des intervalles de repos d'une nuit.Elle est terminée quand la durée totale du chauffage atteint un nombre d'heures déterminé ou lorsque, ce nombre n'étant pas atteint, le passage au rouge se produit en moins d'une heure.

La valeur de cette épreuve que l'on a cru pendant longtemps pouvoir donner des indications précises est aujourd'hui très contestée et l'on a étudié la substitution d'épreuves chimiques aux épreuves empiriques adoptées jusqu'à ce jour. La détermination du taux d'azote du coton-poudre peut constituer une épreuve satisfaisante.

Avec les poudres à la diphénylamine, on peut faire une épreuve au cyanure de potassium qui décèle la présence de trinitrodiphénylamine et indique par suite le moment où la réserve de stabilisant commence à s'épuiser.

<u>Stabilité balistique des poudres B.-</u>
La poudre B est hygrométrique et par suite son taux

d'humidité varie avec les conditions extérieures.

Si l'on vient à chauffer une poudre, elle perdra une certaine quantité d'humidité, en même temps que son dissolvant conti-
nuera à s'éliminer. Les variations des taux d'humidité et de dissolvant auront leur répercussion sur les qualités balistiques de la
poudre qui, par suite, dans des conditions semblables de chargement
d'une bouche à feu pourra donner des résultats différents.

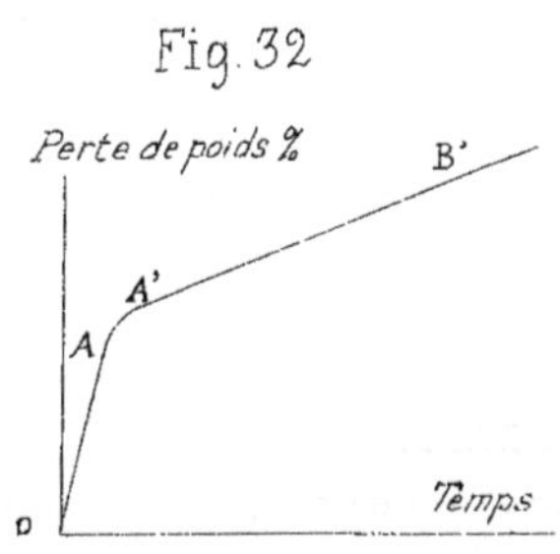

Si l'on mesure les pertes de
poids successives subies par une poudre chauffée à une température fixe entre 40° et 110°, on constate qu'elles
se répartissent en deux phases, une
première où la perte de poids est rapide, une seconde où elle est très faible.
Pendant ces deux phases, les pertes sont proportionnelles au temps.

Le phénomène peut être représenté par le diagramme O A A'B'
(fig. 32). La variation rapide obtenue dans la première phase correspond à la perte d'humidité, elle mesure le taux d'humidité ou coefficient d'élimination, perte de poids après 4 heures de chauffage
à 110°.

La variation lente obtenue dans la seconde phase correspond à la perte du dissolvant et mesure le coefficient d'émission,
perte de poids de la 4e à la 20e heure du chauffage à 110°.

L'expérience a montré qu'à une variation de 1/100 de la
teneur en humidité ou en dissolvant, correspondait une variation en
sens inverse du coeeficient de vivacité égale environ à 13 % de sa
valeur primitive.

Si l'on répète les expériences de chauffage en faisant
varier les températures d'étirage, on constate une variation rapide

de la vitesse d'élimination. C'est ainsi que les heures de chauffage à 110° correspondent sensiblement aux jours à 75° et aux mois
à 40°.

C'est cette remarque qui permet par l'étude des modifica-
tions rapides qui se produisent à 110°d'en déduire l'allure des mo-
difications rapides qui se produiraient à 40° c'est-à-dire dans
les conditions les plus dures de la pratique.

Ces conclusions ne sont d'ailleurs applicables qu'autant
que le chauffage n'entraîne pas de décomposition notable du colloï-
de car dans ce cas les pertes de poids prennent alors une allure
très rapide .

Variations balistiques des poudres.-

Si on tire une poudre dans des conditions de chargement
invariables après son admission en recette on constate, indépendamment des variations dont nous venons de parler, que les vitesses et
les pressions obtenues subissent avec le temps d'autres variations
importantes.

D'abord la vivacité des poudres augmente en moyenne, il
en résulte un relèvement balistique qui donne annuellement une augmentation de vitesse d'environ 5 mètres; en outre les vitesses et
les pressions subissent des variations saisonnières, les constantes balistiques des tirs d'été étant plus élevées que celles d'hiver

Si l'on représente les vitesses en fonction du temps, on
obtient une courbe d'allure sinusoïdale et dont l'axe est incliné
sur l'axe des temps comme l'indique la figure 33.

Croquis....

Fig.33

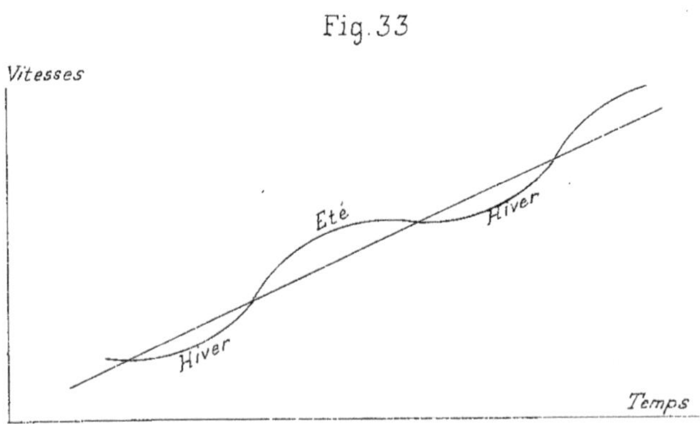

Ces variations dues aux pertes de dissolvant et aux variations d'humidité nuisent à l'exactitude du tir, en outre les relèvements balistiques se traduisent par des augmentations de pressions susceptibles d'occasionner des avaries au matériel.

On atténue la perte du dissolvant par la diminution du coefficient d'émission des poudres, on réduit le taux résiduel du dissolvant jusqu'à une teneur où il devient pratiquement invariable; des maximum sont imposés dans les conditions de recette.

Enfin on évite les variations du taux d'humidité par l'emploi de caisses soudées. Celles-ci présentent l'inconvénient de ne pas permettre, du moins avec les dispositifs étudiés jusqu'à présent, une ouverture aussi rapide qu'il serait désirable, mais la difficulté que présente la solution de cette question ne paraît pas motiver suffisamment l'abandon du principe de la caisse étanche.

Constitution des charges - Allumage.-

Si l'on tire dans une même bouche à feu des charges de poudre de poids et de types variables, mais de manière à obtenir la même pression maximum, on constate que la position de ce maximum sur la courbe des pressions en fonction des parcours du projectile s'éloigne d'autant plus de la culasse que la poudre est plus lente.

On observe de plus que la vivacité de la poudre (définie par $(\frac{dp}{dx})_M$ pour $\Delta = 0,2$) décroissant constamment, les vitesses initiales croissent d'abord pour atteindre un maximum et décroître ensuite.

On appelle poudre du maximum celle pour laquelle est obtenu le maximum de vitesse initiale, sa vivacité dépend évidemment des conditions du chargement.

Il faut se garder de croire que cette poudre du maximum est la plus avantageuse, son emploi donne lieu le plus souvent à des écarts de vitesse et de pression incompatibles avec la précision nécessaire et pour cette raison elle n'est pas en usage.

La poudre B est assez difficile à enflammer, c'est ainsi qu'on a pu, sans en provoquer l'inflammation, couper des brins de poudre au moyen d'un fil métallique porté au rouge - un dispositif d'inflammation des charges est donc nécessaire. On dispose pour cela à l'arrière de la charge et cousu au culot de la gargousse un sachet de poudre noire qui est enflammé directement par le jet de gaz de l'étoupille. Lorsque la charge est importante, elle est divisée en plusieurs gargousses et chacune d'elles porte alors son sachet d'allumage.

La durée d'inflammation de la charge - temps qui s'écoule entre le début du phénomène et l'instant où toute la charge est en combustion - représente une fraction notable de la durée du coup de canon; elle est réduite notablement par la poudre noire dont les durées d'inflammation et de combustion sont très faibles par rapport à celles de la poudre B; par contre cet amorçage offre l'inconvénient de produire de la fumée noire et d'accroître sensiblement l'encrassement des chambres, aussi cherche-t-on à réduire son poids qui est en général voisin du 1/60e du poids de la charge.

Le mode de constitution des charges est extrêmement important au point de vue de la régularité des pressions; il est de toute nécessité que l'on dispose de charges symétriques et réparties uniformément suivant l'axe de la chambre à poudre si l'on veut éviter la production de pressions ondulatoires.

Ces pressions ondulatoires enregistrées en fonction des espaces donnent des tracés du genre de celui représenté ci-contre (fig.34).

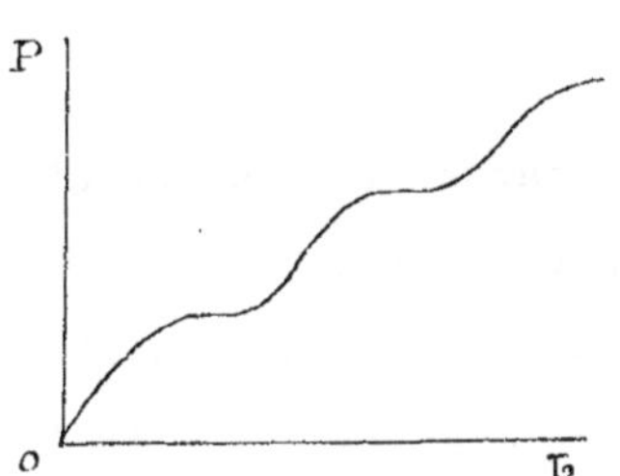

Fig.34

Elles résultent d'un mode spécial de répartition des pressions dû à une sorte de balancement périodique de la masse gazeuse d'où naissent des condensations dont l'importance croît avec la vivacité de la poudre.

Ces condensations se produisent dans une éprouvette alternativement aux deux extrémités et peuvent atteindre jusqu'au triple de la pression normale correspondant à l'entière combustion de la charge.

Ces pressions ondulatoires sont donc des plus à redouter pour le matériel et leur production doit être évitée soigneusement.

Toutes choses égales d'ailleurs, on accroît la dissymétrie résultant de la lenteur relative de la propagation longitudinale de l'inflammation en augmentant la longueur des chambres à poudre; cette considération entrera en ligne de compte dans l'établissement du tracé d'un canon.

Recette des poudres B.-

Les poudres doivent satisfaire aux épreuves de stabilité

ainsi qu'à des conditions relatives au taux d'émission et d'humidité. Pour l'épreuve de stabilité les résultats doivent être supérieurs à une durée déterminée, pour les deux autres conditions on fixe un maximum du coefficient d'émission et une valeur moyenne du taux d'humidité.

Enfin à ces épreuves viennent s'ajouter des tirs de recette destinés à vérifier les conditions balistiques imposées. Une poudre déterminée est utilisée dans plusieurs calibres et les tirs de recette ne peuvent s'effectuer dans tous ces calibres, on choisit donc pour ces recettes, un canon-éprouvette qui est en général du plus petit calibre utilisant la poudre en essai. Ce choix est motivé par des raisons d'économie et aussi par ce que les petits calibres sont les plus sensibles aux écarts des poudres et qu'ils les accentuent davantage que les gros calibres.

On ne peut, en raison des variations des qualités balistiques de la poudre, fixer des charges immuables pour le tir à bord. Pour chaque lot de poudre et dès le tir de recette, des bulletins d'emploi sont étéblis indiquant pour chaque canon les poids de charge devant fournir les vitesses initiales pour lesquelles sont calculées les tables de tir et en outre des tirs de tarage sont effectués semestriellement à la suite desquels de nouveaux bulletins de tarage sont établis.

De ces conditions d'emploi découlent les conditions balistiques de recette des poudres: pour la vitesse on fixe simplement un minimum pour éviter d'accroître outre mesure la densité de chargement et le poids de la charge devant donner au tir la vitesse des tables. En ce qui concerne la pression de recette, celle-ci doit être telle que la pression correspondant à la charge d'emploi et déduite de la première soit inférieure à un maximum donné.

<u>Combustion de la poudre dans le canon - Ecouvillonnage.-</u>

Après le départ du coup et au moment de l'ouverture de la culasse, les gaz de la combustion tendent à sortir par l'arrière du canon. Si le vent souffle vers la pièce où si celle-ci est pointée vers l'avant du navire, les fumées envahissent la chambre de tir et obscursissent l'atmosphère en même temps qu'elles le rendent toxique. En outre ces gaz contiennent, comme nous l'avons déja dit, de l'oxyde de carbone et du formène et sont par suite combustibles, il arrive quelquefois qu'ils se réinflamment produisant le "retour de flamme", incident qui, dans certaines circonstances, peut occasionner des inflammations prématurées de gargousses au cours du chargement et donner lieu par suite à de graves accidents.

Le souci d'éviter la rentrée des gaz a fait rechercher des dispositifs d'écouvillonnage de divers genres. Le premier en date, dû à Monsieur l'Ingénieur en Chef Marbec (1902) était un dispositif pneumatique établi dans le but de "soustraire les servants à la fumée sortant de la culasse qui avait pour double effet de retarder considérablement le chargement et le pointage et d'intoxiquer le personnel". Dans ce procédé, la chasse d'air s'effectuait au moyen d'un ajutage manoeuvré par un servant et relié à une bouteille d'air comprimé, cet ajutage était amené derrière la pièce après l'ouverture de la culasse.

A la suite d'accidents survenus depuis cette époque (Georgia 1908) on a recherché non seulement le refoulement des gaz, mais aussi l'expulsion des résidus (brins de poudre non complètement brûlés, serge...) et l'extinction des gaz en combustion.

On a employé tout d'abord un dispositif d'écouvillonnage pneumatique agissant automatiquement avant l'ouverture complète de la culasse. L'air destiné à effectuer l'écouvillonnage passe au travers de trous pratiqués dans les parois d'un canal annulaire placé sur le pourtour du logement d'obturateur; une valve est placée sur la conduite reliant le réservoir d'air sous pression au canal annulaire, l'ouverture de cette valve est provoquée par le début de la rotation de la vis culasse. Pour mettre fin à la chasse d'air, un servant agit sur une poignée qui permet d'opérer la fermeture de la valve.

Ce dispositif consomme une quantité d'air comprimé notablement supérieure à celle du dispositif Marbec.

Les procédés par écouvillonnage hydraulique sont plus propres à assurer l'extinction de résidus en ignition qui peuvent quelquefois subsister dans l'âme après le départ du coup, ils sont appelés à remplir dans l'avenir l'écouvillonnage pneumatique. Dans le matériel où l'écouvillonnage hydraulique n'est pas encore réalisé automatiquement, on assure l'arrosage à la lance.

L'étude de la production de ces retours de flamme et de la réinflammation des gaz a posé la question de la température des pièces après un tir prolongé.

Les expériences ont montré que dans certaines conditions de tir rapide la température d'inflammation de la poudre peut être atteinte dans la volée.

Les retours de flamme ayant été attribués à une réinflammation des gaz de la poudre sous l'action de l'oxygène de l'air, on avait cherché à les éteindre par l'addition à la charge, d'une matière comburante — salpêtre additionné de dinitrotoluène — destiné par conséquent à activer la combustion des gaz. Ce procédé, laissé de côté en ce qui concerne les retours de flamme, a été utilisé depuis pour la recherche de l'extinction des lueurs à la bouche qui, dans les pièces à tir rapide, incommodent le pointeur et nuisent par suite à la bonne exécution du tir.

§ II - BALISTIQUE INTÉRIEURE

1°) Balistique intérieure théorique.

Le problème général de la balistique intérieure est le suivant: calculer la vitesse imprimée à un projectile de poids p, par une charge ϖ de poudre de nature déterminée brûlant dans un canon donné; déterminer les pressions correspondantes aux différents points du parcours du projectile.

A priori, les difficultés inhérentes à la solution du problème cherché apparaissent comme très grandes; en effet la vitesse de combustion de la poudre est fonction de la pression et de la température du milieu, pression et température qui, dans le canon, dépendent du mouvement du projectile et par suite de la détente de la masse gazeuse qui l'accompagne. De plus, étant donnée la vitesse avec laquelle s'effectue cette détente, la pression développée sur le culot du projectile est différente de celle développée sur la culasse.

Monsieur Sarrau a le premier apporté une solution satisfaisante du problème en ce qui concerne les poudres noires.

La marche suivie par lui était la suivante: il supposait instantanée l'inflammation de la charge et négligeait les perturbations dûes à la conductibilité des parois de l'âme, au frottement et à la force vive de la charge. Il admettait d'autre part que la vitesse de combustion était proportionnelle uniquement à une puissance de la pression. Ces hypothèses admises, on a une équation du problème en écrivant qu'à tout instant la force vive acquise par le projectile est équivalente à la perte de force vive interne de la charge.

Monsieur Sarrau caractérisait la nature de la poudre par

Artillerie (4ᵉ Cahier)

deux coefficients physiques, l'un φ représentant sa force, l'autre θ sa vivacité; il faisait intervenir en outre dans ses équations une variable x dépendant des conditions de chargement et d'emploi qui était le module de vivacité.

Une des conséquences de cette théorie est que pour obtenir, avec des canons semblables et semblablement chargés tirant à la même pression maximum, une même vitesse initiale, il fallait des poudres de vivacité proportionnelle au calibre.

Depuis, de nouvelles recherches ont été entreprises s'appliquant aux poudres colloïdales, M.M. Jacob, Gossot et Liouville, Charbonnier ont donné des formules semi-empiriques permettant de résoudre les problèmes qui se présentent dans les projets de bouche à feu. Les formules différentielles que l'on en déduit sont d'un usage journalier sur les champs de tir.

2°) Balistique intérieure expérimentale.

Mesure des pressions dans l'âme.-

La mesure de la pression développée par l'explosion est d'une importance primordiale pour l'étude des explosifs en vase clos et dans les bouches à feu. Cette mesure se fait au moyen de l'appareil crusher que nous avons déja cité, imaginé par le Capitaine Noble de l'Artillerie anglaise et dont M.M. Sarrau et Vieill ont spécialement etudié et perfectionné l'emploi.

L'appareil (fig.35) comprend essentiellement un petit cylindre de cuivre rouge de dimensions déterminées, c , placé entre une enclume fixe a et la tête d'un piston mobile b de section connue dont la base reçoit l'action des gaz. Une bague en caoutchouc e centre le cylindre. La mesure de l'écrasement du cylindre permet au moyen d'une table de tarage, d'évaluer les pressions supportées

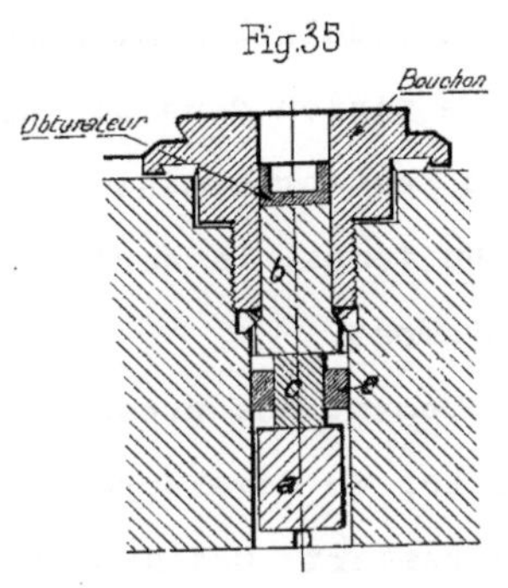

Les dispositions de détail varient suivant que l'on place l'appareil à la culasse ou en un point de l'âme.

Lorsque l'appareil est placé dans la chambre, l'action des gaz sur le piston peut être considérée comme statique et la pression est mesurée par la force de tarage correspondant à l'écrasement observé. Il n'en est plus de même si l'instrument est placé en avant du culot du projectile; dans ce cas, à l'instant où le culot démasque l'appareil, l'action des gaz est soudaine, l'instrument a un fonctionnement dynamique et la pression est donnée par la force de tarage correspondant à la moitié de l'écrasement observé.

On peut également enregistrer la loi du développement complet de la pression jusqu'à son maximum, en fonction du temps, au moyen du crusher enregistreur Vieille (fig.36).

Cet appareil est ainsi constitué: le piston mobile porte

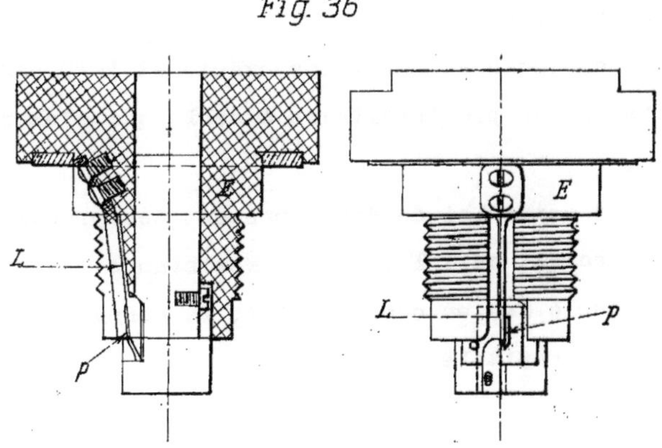

Fig. 36

une plaquette p enduite de noir de fumée. Une lame vibrante L muni
d'une petite plume p en acier est fixée au bouchon E. Au départ du
coup, un coin déclanche la lame vibrante préalablement armée et la
plume trace sur la plaquette qui suit le piston dans son mouvement
d'écrasement, une courbe qui enregistre les écrasements en fonctio
du nombre des vibrations et par suite du temps, la durée des vibrations ayant été déterminée expérimentalement.

Cet appareil donne le développement des pressions jusqu'au maximum. Si l'on veut étudier la loi du développement au del
de ce point, on utilise la manomètre à ressort. Cet appareil diffère de l'enregistreur par le remplacement du cylindre de cuivre par
un ressort dont les écrasements ont été tarés.

Le ressort se comprime dans la période des pressions
croissantes et se détend dans la période des pressions décroissan-
tes. Un léger déplacement latéral de la plaquette noircie permet
d'éviter la superposition des deux enregistrements.

Le développement des pressions en fonction des espaces
parcourus par le projectile se déduit de celui obtenu en fonction
des temps par une sommation, en supposant uniforme le mouvement du
projectile pendant les très courts intervalles de temps mesurés et
en prenant pour pression au culot du projectile, la valeur de la
pression à la culasse.

Cette hypothèse n'est pas exacte et la pression au culot
du projectile est un peu inférieure à celle qui s'exerce à la culasse.

C'est cette loi de développement des pressions en fonction des espaces qui sert à fixer la résistance transversale à exiger d'une bouche à feu en chaque point, sa connaissance est donc
d'une importance capitale.

L'erreur commise en prenant pour pression au culot des projectiles, la valeur donnée par les crushers de culasse est à ce point de vue sans inconvénient, puisqu'elle conduit à forcer les résultats obtenus, c'est-à-dire à exiger de la bouche à feu un surcroit de résistance.

Expériences de recul libre.-

On peut également déterminer la loi des pressions sur la culasse par des expériences de recul libre; le canon repose par des tourillons sur des côtés de châssis horizontaux, on le laisse reculer librement et on prend les dispositions nécessaires pour l'arrêter dès qu'il a attei nt la vitesse de recul maximum. On enregistre la loi du recul en fonction du parcours au moyen du vélocimètre.

L'organe essentiel du vélocimètre est un ruban métallique noirci, invariablement lié à la pièce pendant son recul et sur lequel s'inscrivent la trace d'un stylet immobile et les vibrations d'un diapason préalablement excité, indépendant du mouvement de recul. Pendant le recul, la plume du diapason décrit une sinusoïde et l'autre plume trace la ligne médiane de cette courbe.

L'écartement des points de rencontre successifs de ces deux lignes, lu au microscope, fait connaître le parcours du canon pour des temps rigoureusement égaux à la durée de la vibration simple du diapason.

Soient:

s la section droite de l'âme rayée,

π_1 la pression par unité de surface sur la culasse,

π la pression par unité de surface sur le culot du projectile,

p_1 le poids de la masse reculante,

p le poids du projectile,

ϖ le poids de la charge,

v_1 et v les vitesses, x_1 et x les parcours au même instant de la masse reculante et du projectile,

u la vitesse moyenne de la masse gazeuse.

L'ensemble canon-projectile forme un système soumis uniquement à l'action de forces intérieures; la somme des quantités de mouvements est constamment nulle, on peut écrire par conséquent:

$$p_1\, v_1 = p v + \varpi \times u$$

Pour évaluer la vitesse moyenne de la masse gazeuse on admet, comme l'a proposé le Général Piobert, qu'elle est égale à la moitié de la vitesse du projectile; cela revient à supposer que, la densité δ de la masse gazeuse étant censée uniforme, les vitesses des tranches élémentaires sont dirigées dans le même sens et proportionnelles à la distance de la tranche au fond de l'âme, cette vitesse étant nulle pour la tranche touchant la culasse et égale à v pour celle touchant le culot (fig.37); on aurait ainsi

$$u = K\ell \quad \text{et} \quad v = K L,$$

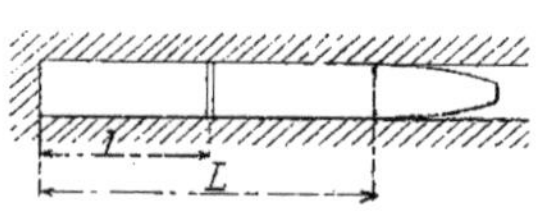

Fig. 37

L étant la distance du culot au fond de l'âme, d'où:

$$\varpi u = \int_0^L \delta \times \delta\, d\ell \times K\ell = \frac{\delta\delta.K\ell}{2} = \frac{\delta\delta\, L.v}{2} = \frac{\varpi\, v}{2}$$

on aura dès lors:

$$(1) \qquad p_1\, v_1 = \left(p + \frac{\varpi}{2} \right) v$$

$$p_1\, x_1 = \left(p + \frac{\varpi}{2} \right) x$$

D'autre part, on a les relations, en négligeant les perturbations secondaires:

$$\pi_1 \delta = \frac{p_1}{g} \cdot \frac{d^2 x_1}{dt^2}$$

$$\pi \, s = \frac{p}{g} \ \frac{d^2 x}{dt^2}$$

soit d'après l'équation: (1)

$$\frac{\pi_1}{\pi} = \frac{p + \frac{\varpi}{2}}{p}$$

Tel est le rapport admis entre la pression sur la culasse et la pression sur le culot.

Le vélocimètre donne le parcours $x_I = f$ (t); par une double différentiation donnant, la première, la vitesse, la seconde, l'accélération, on déterminera π_1 en fonction du temps; d'autre part, le parcours x se déduira du parcours x_I par la relation:

$$\frac{x}{x_1} = \frac{p_1}{p + \frac{\varpi}{2}}$$

par conséquent on aura π_1 en fonction de x.

Chapitre IV ....

Chapitre IV

Bouches à feu et charges

§ I – ORGANISATION ET CONSTRUCTION DES BOUCHES A FEU.
Conditions balistiques: Tracé intérieur - Conditions mé-
caniques: Résistance - Conditions de service: Culasse - Obturation -
Mises de feu - Sécurités - Tracé des canons.

§ II – CHARGES ET ETOUPILLES.

§ I - ORGANISATION ET CONSTRUCTION
DES BOUCHES A FEU .

Une bouche à feu doit satisfaire à 3 catégories de condi tions :

a) Conditions balistiques -La bouche à feu doit être construite en vue de fournir un résultat déterminé, le problème balistique étant résolu, on y arrive par une organisation convenable du tracé intérieur de la pièce.

b) Conditions mécaniques - Il faut que le canon résiste aux forces qui se développent dans l'âme; le choix de la nature des métaux, la détermination des dimensions des éléments constitutifs de la bouche à feu et de leur assemblage permettent de satisfaire à la condition imposée.

c) Conditions de service - Pour satisfaire convenablement aux exigences du service, la bouche à feu doit remplir certaines conditions, facilité de manoeuvre, par exemple; ce sont ces conditions qui permettent de faire un choix entre les divers mécanismes d'ouverture de culasse, les appareils de mise de feu, de visée, etc.....

Nous examinerons successivement ces 3 catégories de conditions.

a) Conditions balistiques.-

La résolution du problème balistique fournit les conditions de chargement et le volume de la chambre à poudre d'un canon de calibre et de longueur donnés tirant un projectile de poids déterminé dans des conditions de pression également déterminées.

Voici alors d'après quelles bases on fixera les dimensions de la chambre à poudre.

<u>Chambre à poudre</u> - Au point de vue de la réduction des efforts développés sur la culasse, il y a évidemment intérêt à réduire le diamètre de la chambre; toutefois cette réduction est limitée par la nécessité de ne pas obtenir une chambre trop longue, l'expérience ayant montré que des pressions ondulatoires étaient à redouter dès que les chambres à poudres avaient des longueurs atteignant 7 ou 8 fois leur diamètre moyen.

L'expression "chambrage", fréquemment employée, désigne le rapport du diamètre moyen de la chambre au diamètre du cercle équivalent à la section droite de l'âme rayée, rapport qui, dans les bouches à feu récentes, est, ainsi que nous l'avons dit, très voisin de 1,2.

S'il s'agit de canons tirant des gargousses, la chambre sera cylindrique dans sa partie principale et raccordée ensuite avec l'âme rayée au moyen d'une ou deux surfaces tronconiques dont les longueurs et les inclinaisons sont déterminées par les considérations de facilité de chargement du projectile qui ne doit pas pouvoir se coincer dans le chargement.

Pour les bouches à feu antérieures au M^{le} 1906, c'est-à-dire pour lesquelles le chargement se faisait à une inclinaison fixe, la chambre à poudre n'était cylindrique que sur une partie de sa longueur et prolongée alors par un long tronc de cône déterminé par la condition que sous l'angle de chargement imposé (- 5° en général) le projectile, qui devait être refoulé à bras, n'eut pas à gravir de pente.

Cette disposition limitait en même temps le diamètre utilisable pour les gargousses et elle n'aurait pas permis, par suite, d'augmenter la densité de chargement. Avec la disposition qui a suivi, le mandrin des gargousses peut être très voisin du diamètre de la partie cylindrique de la chambre, toutefois le diamètre de ce mandrin ne se détermine pas par cette conidération, il résulte du poids de la charge et de la longueur du chargement qui doit nécessairement occuper toute la longueur de la chambre si l'on ne veut pas s'exposer à la production de pressions ondulatoires.

S'il s'agit d'établir le tracé de la chambre à poudre pour des canons tirant des douilles, la condition d'extraction de celles-ci nécessite que la partie principale de la chambre soit elle même tronconique - dans tous les cas, le problème de l'établissement du tracé ne présente aucune difficulté sérieuse.

Dans certaines bouches à feu on a cherché, tout en conservant un chambrage relativement élevé, à réduire la surface d'application des pressions sur la culasse et l'on a, à cet effet, donné à l'arrière de la chambre une forme rétrécie - c'est le cas des gros calibres du Mle 1893 - et également du canon de 34 c/m Mle 1912.

Cette solution, cependant, n'est pas avantageuse, elle complique l'usinage et réduit le mandrin des gargousses, elle réduit donc également la densité de chargement.

<u>Longueur d'âme</u> - La longueur d'âme est une des données des projets de bouches à feu.

On limite actuellement cette longueur à 45 ou 50 calibres pour les canons de gros calibres, afin d'éviter des arcures notables qui peuvent causer des irrégularités de tir très sensibles.

Pour les moyens et petits calibres, on peut sans grands inconvénients adopter de plus grandes longueurs d'âmes. C'est ainsi que les canons de 14 c/m des cuirassés de 23500^{tx} ont 55 calibres et que le canon de 75 Mle 1908 mesure 62,5 calibres de longueur d'âme.

<u>Rayures</u> - Le mouvement de rotation nécessaire pour éviter

le renversement du projectile autour d'un axe perpendiculaire au plan de tir et pour maintenir son axe de rotation dans le voisinage de la tangente à la trajectoire est obtenu au moyen des rayures. Les cloisons qui séparent les rayures s'impriment dans la ceinture du projectile et imposent ainsi à celui-ci un mouvement de rotation réglé par le tracé des rayures.

Le profil d'une rayure est sa section par un plan normal à l'axe de la pièce. L'âme de la bouche à feu étant développée sur un plan, la ligne qui joint les centres de tous les profils successifs forme une courbe qui détermine le tracé de la rayure.

L'inclinaison du tracé sur les génératrices détermine le rapport entre la vitesse de translation et la vitesse de rotation. Le sens de la rayure détermine celui de la dérivation. Actuellement les rayures sont hélicoïdales, c'est-à-dire à inclinaison constante, elles présentent sur les rayures paraboliques dont le pas est progressif, l'avantage d'une plus grande simplicité d'usinage et elles permettent l'emploi de ceintures multiples, l'empreinte des cloisons sur la ceinture AR continuant à s'ajuster exactement sur les rayures tout le long de celles-ci.

L'inclinaison des rayures peut être d'autant moindre que la vitesse initiale est plus forte; dans les modèles récents, l'inclinaison des rayures est de 4°. Quant à leur profil il se détermine par la condition que le travail de frottement des ceintures sur les cloisons soit inférieur à 30^{kg} par $^{m}/_{m}$ carré. Enfin le nombre des rayures est fixé par comparaison.

b) <u>Conditions mécaniques.-</u>

La question du choix du métal à canon n'est plus aujourd'hui en discussion et toutes les puissances ont depuis longtemps adopté l'acier duquel on peut exiger les constantes mécaniques:

limite d'élasticité, charge de rupture, allongement, permettant
d'obtenir la résistance nécessaire aux bouches à feu.

Efforts dus au tir - A l'instant du coup de canon, la bo-
che à feu est soumise à des effrots considérables résultant de l'application des pressions développées par la combustion de la charge.
La bouche à feu doit donc être établie de manière à résister à ces
efforts.

Ceux-ci ont une première résultante qui tend à ouvrir la
pièce suivant un plan diamètral parallèle aux génératrices.

Ils exercent, d'autre part, sur la culasse, un effort
longitudinal de sens contraire à celui qui se développe sur le culot du projectile et qui tend à ouvrir la pièce suivant un plan pe-
pendiculaire à l'axe.

L'effort exercé sur les parois tend à produire l'éclatement de la bouche à feu, celui appliqué sur le fond de l'âme provoque la tendance au déculassement.

Telle est, en gros, l'allure générale du phénomène.

Résistance transversale - Des formules déduites de la
théorie de l'élasticité permettent de calculer la résistance transversale d'un cylindre homogène.

Cette théorie montre que pour une bouche à feu non composée, c'est-à-dire constituée par un tube unique, il n'y a pas intérêt à dépasser une épaisseur de 1 calibre à 1,5 calibre environ;
au delà les pressions qui peuvent être supportées croissent très
lentement alors que les épaisseurs, et par suite le poids, augmentent rapidement.

De là l'idée de frettage, permettant de faire concourir
plus également à la résistance les couches extérieures et intérieu-

res. Si l'on a plusieurs couches concentriques superposées avec serrage initial, à l'état de repos le tube est comprimé, les frettes sont distendues; au tir, le tube est moins distendu que s'il n'avait pas été préalablement comprimé, les frettes déja distendues le sont davantage; il suffit de régler le serrage de manière à ne pas dépasser pour chaque partie une limite convenable.

La décomposition en éléments superposés présente encore l'avantage suivant, que chaque élément étant moins épais, il est plus facile d'obtenir pour sa fabrication des blocs d'acier sains et homogènes; par contre l'usinage de la bouche à feu est plus long et plus délicat, partant plus dispendieux.

<u>Résistance longitudinale</u> - En ce qui concerne la résistance longitudinale, aucune théorie n'a permis jusqu'à présent de baser sur le calcul l'établissement du tracé qui se fait alors par comparaison avec ceux des modèles antérieurs, en adoptant un coefficient de sécurité élevé, grâce auquel on peut être à l'abri de la rupture transversale de la pièce ou déculassement.

Il ne suffit pas, au point de vue de la sécurité, d'assurer ces deux résistances, il est nécessaire en outre de s'opposer à une autre forme de déculassement, c'est-à-dire la projection de la culasse, organe de fermeture - projection qui pourrait résulter, dans les culasses à vis, soit du cisaillement des filets, soit du dévissage de cette vis - On arrive à ce résultat en donnant au filetage, d'une part un profil et un développement convenables et, d'autre part, une faible inclinaison. En outre, des organes accessoires viennent encore faire obstacle à tout dévirage.

c) <u>Conditions de service.</u>-

Les bouches à feu doivent satisfaire, nous l'avons dit,

à des conditions de service, mais celles-ci ne peuvent être toutes immuables et beaucoup d'entre elles devront, comme pour tout le matériel, varier avec le mode d'installation, le but poursuivi, etc.. On ne peut donc en ce qui concerne ces conditions donner des règles fixes permettant d'y satisfaire. On se bornera à examiner un certain nombre de conditions d'ordre général.

Culasse - Obturation - Mise de feu - Sécurités -

Le mécanisme de culasse est l'organe qui constitue la fermeture de la bouche à feu à l'arrière, il doit satisfaire aux conditions essentielles ci-après:

1°) Permettre l'organisation d'un système d'obturation assurant l'étanchéité parfaite du joint de la fermeture aux gaz de la charge.

2°) Répartir convenablement sur l'élément de la bouche à feu auquel il est fixé, la pression des gaz de la poudre.

3°) Les mouvements doivent en être faciles, rapides et non sujets à enrayage; la culasse ne doit pas pouvoir s'ouvrir sous l'action de la pression seule.

4°) La sécurité de mise de feu doit être complète, c'est-à-dire qu'elle doit être organisée de manière à empêcher tout départ prématuré du coup de canon et toute ouverture involontaire de la culasse en cas de long-feu.

Culasses - Deux systèmes principaux de fermeture de culasse sont en service en France: le système à vis, appliqué à tous les canons de gros et de moyens calibres, et le système à coin adopté pour les canons de petits calibres. Le canon de 75 fait toutefois exception, il est muni de la culasse Schneider, d'un type spécial dit à filets concentriques.

La fermeture de culasse à vis consiste en un bouchon fileté dont la circonférence est divisée en un nombre pair de segments et dont les filets ont été supprimés dans un segment sur deux suivant des zones limitées par des génératrices.

Un filetage interrompu semblable est pratiqué dans le logement de la culasse du canon, (écrou de culasse); la fermeture est donc simplement obtenue en enfonçant la culasse dans son logement, ses secteurs filetés passant dans les secteurs lisses de l'écrou et en faisant ensuite entrer en prise les deux séries de filets par une rotation autour de l'axe.

Les dimensions de la vis se déterminent en partant de la surface de filetage nécessaire pour résister sans déformation aux efforts dûs à la pression. D'autre part, le diamètre de la vis dépend évidemment du diamètre intérieur de la chambre, il s'ensuit donc que les conditions de tir entrainent la longueur de la vis.

Dans bien des cas, et surtout lorsque les culasses s'ouvraient vers l'intérieur pour les tourelles à deux canons, le développement en longueur de ces culasses a occasionné un encombrement des plus gênants, on a donc charché un dispositif permettant d'obtenir la même surface filetée avec une moindre longueur de vis.

La vis à secteurs échelonnés du système Welin, appliquée à la grosse artillerie du Danton, répond à ces conditions (fig.38).

Cette vis présente douze secteurs, trois secteurs filetés de diamètre croissant font suite à un secteur lisse, disposition présentée également par l'écrou; une rotation de 1/12 de circonférence, soit 30°, met donc les filets de la vis en prise avec ceux de l'écrou.

La surface filetée de la vis est donc ainsi grosso modo des 3/4 de la surface totale, alors que dans une vis cylindrique

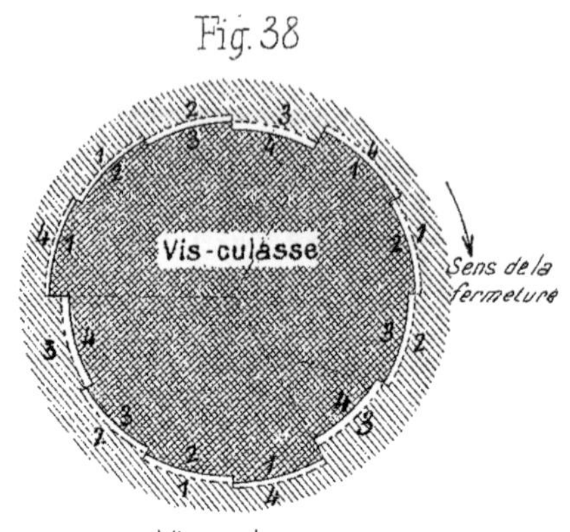

Vis-culasse
(Supposée dans l'écrou, les filets non en prise)
Les traits pointillés figurent l'écrou.
(On n'a représenté que le sommet des filets de la vis)
1.2.3 secteurs filetés . 4 secteurs lisses.

ordinaire, elle n'est que de la 1/2; à égalité de surface de portage, la vis à secteurs échelonnés n'a donc environ que les 2/3 de la longueur de la vis cylindrique.

La disposition générale des tourelles plus récentes a permis de conserver toutefois le type de vis cylindrique qui est d'un usinage plus facile et partant d'un ajutage mieux assuré.

Dans la culasse à coin, un bloc sensiblement parallèlipédique se déplace verticalement dans une mortaise.

A sa position normale il constitue la fermeture et en s'abaissant il découvre l'ouverture de la chambre pour permettre le chargement; en même temps se trouve actionné un extracteur qui produit le décollement et l'éjection de la douille (fig.39).

Le levier percuteur, logé dans une cavité centrale du bloc s'arme dans la première partie du mouvement du levier de manoeuvre du coin avant tout déplacement de celui-ci.

La culasse Schneider, du canon de 75 est à filets concentriques; la culasse tourne autour d'un axe horizontal perpendiculaire à celui de la pièce et s'appuie par une série de filets concentriques à cet axe sur des filets correspondants de son logement.

<u>Obturation</u> - Jusqu'à ces dernières années l'obturation, dans toutes les pièces ne tirant pas de douilles, était obtenue au

Fermeture de culasse pour canon de petit calibre

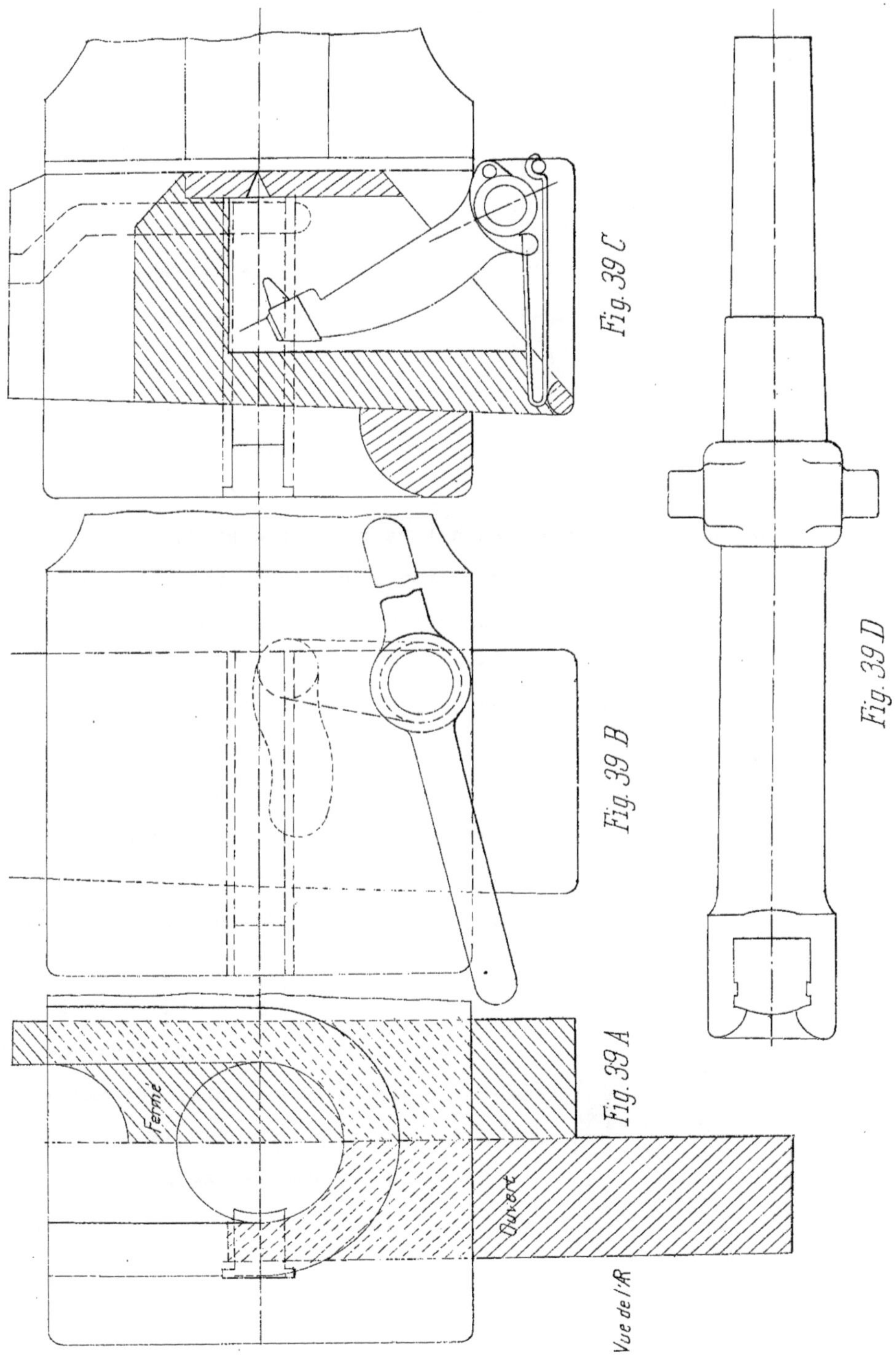

moyen de l'obturateur Broadwell (fig.40), formé d'un anneau en cuivre A placé en avant de la culasse dans un logement c d pratiqué a
l'entrée de la chambre.

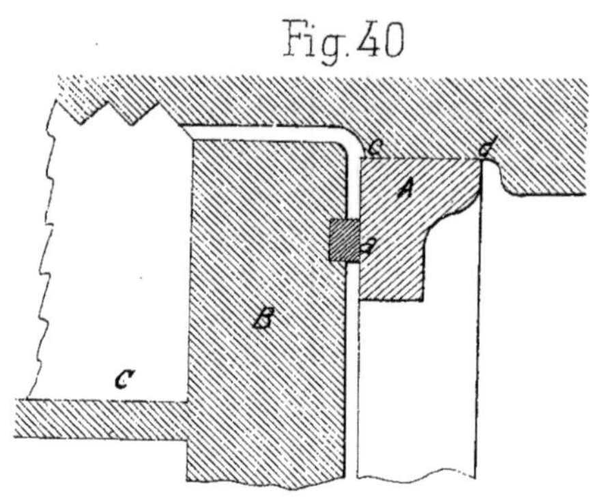

Les dimensions de
l'anneau étant un peu supérieures à celles de son logement, il est placé dans
celui-ci avec un léger force
ment.

Lorsque la culas-
se est fermée la face plane
de l'anneau prend appui sur
une couronne a également en cuivre rouge encastrée dans une rondelle mobile B placée dans le prolongement de la vis culasse C. Des
stries circulaires sont ménagées sur les surfaces en contact de
l'obturateur et de la couronne d'appui.

La présence de crasses sur ces surfaces peut compromet-
tre l'obturation, on est donc obligé de laver assez fréquemment
celles-ci pour se mettre à l'abri d'incidents possibles.

L'obturateur plastique permet d'éviter cette sujétion et
parait actuellement de voir donner toute satisfaction. Ce mode d'obturation adopté à partir des Jean-Bart et Courbet est ainsi constitué (fig.41):

Un anneau de matière
plastique, enfermé dans une enveloppe convenable, est emmanché sur
la tige cylindrique de la tête mobile. Par une de ses bases, l'anneau s'applique contre la fermeture

de culasse C et par l'autre contre l'arrière de la tête mobile.
Sous l'action de la pression, l'anneau se dilate transversalement
et s'applique contre les parois de l'âme.

Avec les canons tirant des douilles, l'obturation est obtenue par celles-ci dont le fonctionnement à ce point de vue donne
toute sécurité. Par contre, elles encombrent les locaux après leur
éjection de l'âme et comme leur capacité est notable, la quantité
de gaz qu'elles introduisent dans l'atmosphère respirée par les
servants est loin d'être négligeable; de plus elles sont relativement coûteuses. On a donc été amené à essayer des culots obturateurs,
ou tronçons de douilles, dont la longueur est ramenée au minimum
indispensable pour assurer l'obturation et la tenue de la gargousse qu'on y loge; en général il suffit d'une longueur de 1,5 calibre - ce dispositif n'est pas actuellement en service.

Mise de feu - Pour les canons ne tirant pas de douille
(fig.42) la tige de la rondelle mobile est percée suivant son axe

Fig. 42

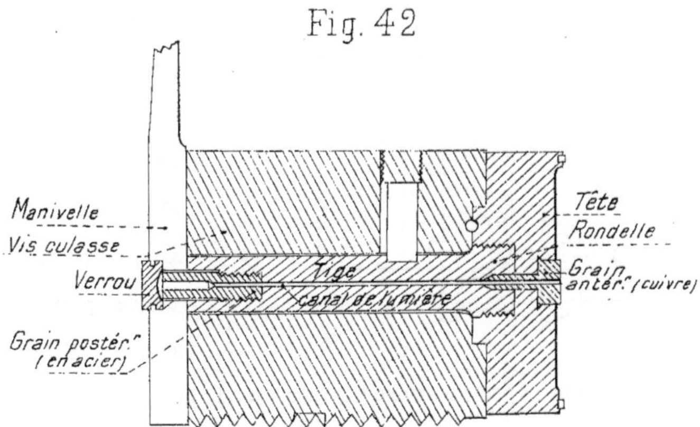

d'un canal de lumière dans l'extrêmité postérieure duquel on vient
placer une étoupille obturatrice, artifice destiné à provoquer l'inflammation de la charge par sa détonation.

Celle-ci est obtenue par le choc d'un marteau agissant par l'intermédiaire d'un percuteur (fig.43) logé dans un verrou qui peut coulisser dans une rainure radiale pratiquée sur la face postérieure de la vis-culasse

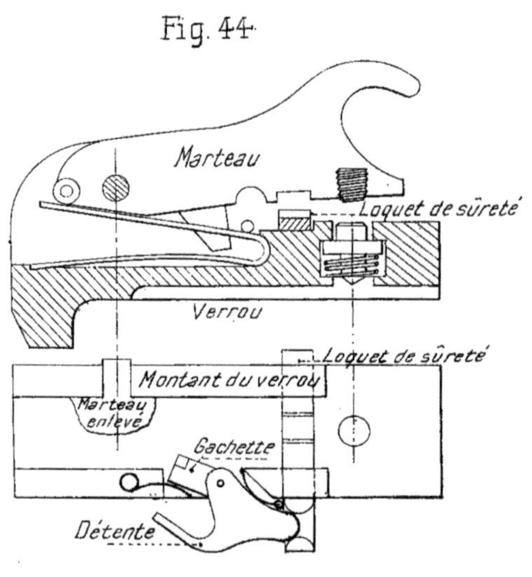

Le marteau est articulé sur un axe porté par deux montants du verrou; un ressort puissant est interposé entre le verrou et la queue du marteau garnie d'une roulette (fig.44); lorsqu'on arme le marteau, il est maintenu relevé par un loquet de sûreté que commande une gâchette; sous l'action d'un ressort agissant sur cette dernière, le loquet vient s'engager sous le verrou. Pour faire partir le coup il faut dégager la gâchette, ce qui se fait en agissant sur une détente portée par le même axe qu'elle.

Dans les canons tirant des douilles, l'étoupille est vissée dans le culot de la douille; l'appareil de percussion est alors logé dans l'axe de la vis et la pointe du percuteur traverse la plaque de tir qui constitue la face avant de la vis et remplace dans ces bouches à feu la rondelle mobile des culasses des canons

tirant sans douille. Nous n'entrerons pas dans la description de
ces mécanismes, nous indiquerons seulement que pour ces pièces un
organe spécial est nécessaire pour rejeter hors du canon la douille
vide, c'est l'extracteur.

La mise de feu est entre les mains du pointeur en hauteur qui doit, au moment opportun, actionner la commande de la détente. Ce pointeur se trouve, en général, placé assez loin en avant
de la culasse, sur le côté de la pièce et, par suite de la compli-
cation des transmissions nécessaires de la commande de la détente,
la mise de feu exige un effort assez considérable, lequel n'est pas
sans inconvénient sur la justesse du tir. On peut s'en rendre compte ainsi:

Entre le moment où le pointeur actionne la mise de feu
et celui où se produit la sortie du projectile de l'âme de la pièce, il s'écoule un certain temps, appelé temps mort, et dont on
peut juger de l'importance par l'exemple suivant. Considérons une
pièce tirant par le travers avec un roulis de 3° par seconde, admettons que le temps mort soit seulement de 0"04; à cet écart correspondra un dépointage d'environ 7 minutes donnant un écart de
portée de l'ordre de 200 mètres à 3000 mètres et qui atteint encore
100 mètres à 12000 mètres.

On peut atténuer l'effet du temps mort, soit en s'effor-
çant de le réduire directement, soit en maintenant autant que possible la pièce toujours pointée sur le but par un pointage continu,
poursuivi même pendant la mise de feu. On s'applique à obtenir ce
résultat, encore faut-il que le pointeur occupé à suivre le but ne
soit pas dérangé par la nécessité d'exercer un effort trop grand.

L'emploi de l'étoupille électrique permettrait de réaliser

ces avantages, mais l'on n'est pas encore parvenu à des résultats satisfaisants, en raison en particulier de la difficulté de maintenir un isolement convenable des différentes parties de cet artifice on a donc renoncé à la mise de feu électrique et adopté depuis un système électro-magnétique. Le principe en est le suivant:

Dans les divers systèmes de mise de feu, le percuteur est accroché par une pièce de détente sur laquelle on agit par l'intermédiaire d'une tige actionnée elle-même par un levier ou un poussoir. Le pointeur commande cette dernière pièce par une série de tiges composant la transmission de mise de feu. Dans l'appareil électro-magnétique, on fait actionner directement, soit la détente, soit une tige de transmission de mise de feu, par le noyau intérieur d'un électro-aimant; ce noyau se déplace quand on ferme le courant qui passe dans l'électro, acquiert la force vive nécessaire à l'effort à réaliser.

Sécurités - Parmi les conditions de service auxquelles doivent satisfaire les bouches à feu, celles concernant la sécurité sont primordiales. Il est nécessaire d'être garanti en particulier, comme nous l'avons déja indiqué, contre un dévirage de la culasse, une ouverture prématurée de celle-ci en cas de long-feu,une mise de feu avant que la fermeture complète ne soit achevée et que l'arrière de la pièce soit entièrement dégagé.

Contre les deux premiers accidents, un même organe est souvent utilisé; c'est ainsi que pour l'artillerie de moyen calibre on emploie le linguet automatique qui normalement fait saillie sur la tranche ou face arrière de la culasse et qui s'efface automatiquement au départ du coup. Il fonctionne soit par inertie,soit par le recul, ce dernier mode de fonctionnement bien préférable au premier est appliqué dans les modèles d'artillerie récents.

Pour la grosse artillerie, les engrenages de la transmission de manoeuvre de la culasse comportent fréquemment un élément de vis sans fin de pas irréversible; dans les modèles où cet élément n'existe pas, le moteur, si les culasses sont mues mécaniquement, fait alors office de frein. Il faut remarquer en outre qu'avec l'inclinaison des filets adoptée pour les vis culasses (peu supérieures à 1°) le dévirage complet est peu à craindre, les frottements réduisant très notablement l'amplitude de tout mouvement de rotation.

Nous ne pouvons entrer dans le détail des divers appareils satisfaisant aux conditions de sécurité dont nous avons parlé, nous nous bornerons à indiquer que les dispositifs réalisés en vue de s'opposer à une mise de feu avant fermeture complète de la culasse reposent sur l'excentricité donnée au verrou et au percuteur tant que la rotation de la vis dans son écrou n'est pas achevée.

<u>Manoeuvre des culasses</u> - L'ouverture des culasses à vis nécessite: 1° Une rotation autour de l'axe longitudinal, 2° Une translation suivant cet axe, 3° Une rotation autour d'un axe convenablement placé pour dégager l'entrée de la chambre et permettre ainsi d'effectuer le chargement (fig.45).

Dans les deux derniers mouvements, la culasse est supportée par une console qui peut être fixée à la tranche arrière du canon par un loquet. Celui-ci a un double but: il permet d'une part de fixer la console au canon jusqu'à ce que le mouvement de translation de la vis soit terminé et d'autre part d'immobiliser la vis culasse sur la console dès qu'elle a été tirée à bloc et pendant le mouvement de rotation de l'ensemble.

A plusieurs reprises, la question a été agitée du remplacement de ces mécanismes de culasse dont la manoeuvre exige 3 mouvements par des mécanismes à ouverture en 2 mouvements telle qu'elle est employée par exemple en Angleterre dans l'artillerie Vickers, où le mouvement de translation n'existe pas. La recherche de ce problème qui ne présente aucune difficulté mécanique à résoudre ne parait pas présenter d'avantages appréciables au point de vue durée car, d'une part, le chemin à parcourir pour assurer le dégagement de l'entrée de la chambre reste très sensiblement le même et, d'autre part, les deux derniers mouvements étant dans le même plan peuvent se succéder sans aucune interruption. Il n'en serait pas de même évidemment si au lieu de réunir en un seul mouvement la translation et la rotation de dégagement, on remplaçait, par un mouvement unique, la rotation dans l'écrou et la translation.

Le système à deux mouvements du genre Vickers, entraine une entaille de la virole et, par suite, si l'on ne veut pas réduire la sécurité, conduit à augmenter les dimensions transversales de l'arrière du canon. D'un autre côté on cherche à réduire cette entaille au minimum et on est ainsi conduit à éloigner beaucoup du canon l'axe du mouvement de dégagement, d'où cette conséquence que le support de la culasse qui, dans ce cas particulier, est généralement un volet, est extrêmement long. On a ainsi un très grand encombrement à l'ouverture et un grand bras de levier, ce qui entraine des efforts de manoeuvre très considérables pour l'ouverture sous des angles négatifs et la fermeture sous des angles positifs. Ce fait, peu important en cas de commande par moteur, n'est cependant pas à négliger pour les manoeuvres éventuelles à la main.

Pour les pièces de gros calibres, les manoeuvres d'ouverture et de fermeture de la culasse ne peuvent pas être effectuées directement à la main, on emploie généralement des mécanismes réduisant les efforts nécessaires et permettant d'obtenir par la

rotation continue d'une manivelle, les trois mouvements successifs
nécessaires à la manoeuvre de la culasse.

Le système Manz, le plus employé jusqu'à ces dernières
années, comporte en principe les dispositions suivantes (fig.46):

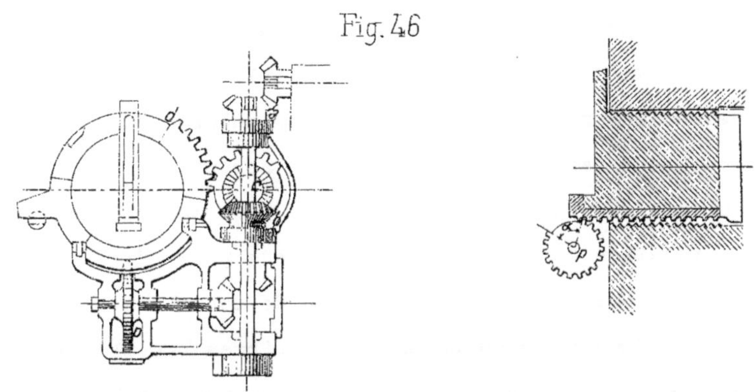

Fig. 46

L'arbre vertical a, autour duquel la console peut tourner
librement, porte un pignon b, qui engrène avec un pignon-roue c
disposé sur la tranche arrière du canon; la roue dentée de c commande un secteur d disposé sur la partie arrière de la vis-culasse;
une transmission par pignons d'angles permet de faire tourner l'axe
de la console au moyen d'une manivelle et tant que la console est
fixée à la tranche de culasse, le mouvement de cet axe a pour unique effet de faire tourner la vis-culasse et dégager ses filets de
ceux de l'écrou.

L'axe de console commande d'autre part au moyen d'une
paire de roues d'angles, le pignon p monté dans la console et qui,
lorsque les filets de la vis sont dégagés, doit engrener avec une
crémaillère située à la partie inférieure de la vis-culasse dans
un secteur vide et qui vient à cet instant se présenter au-dessus
de lui.

La denture du pignon est interrompue dans l'angle α dont il tourne pendant la rotation de la vis; alors, cette rotation terminée, les dents du pignon entrent en prise avec la crémaillère et en continuant à faire tourner la manivelle, le pignon fait reculer la vis-culasse et le secteur denté cesse d'engrener avec le pignon correspondant.

Lorsque la vis est dégagée de son logement, un butoir h porté par sa partie antérieure et taillé en biseau fait descendre le verrou qui reliait la console à la culasse et le dégage; le même mouvement fait entrer en prise un second verrou qui immobilise la culasse sur la console; le pignon p ne peut plus alors tourner et la rotation de l'arbre de commande a pour effet de faire pivoter tout l'ensemble autour de l'axe de console a (fig.46).

Dans les canons de gros calibres les plus récents (Jean-Bart et suivants), on a pris au lieu du système Manz, le système Farcot qui avait été employé déja autrefois avec l'artillerie Mle 1875 pour des culasses mues hydrauliquement. Dans ce système, la disposition essentielle est la suivante (fig.47): l'axe de console porte un pignon à denture oblique et la vis-culasse porte une

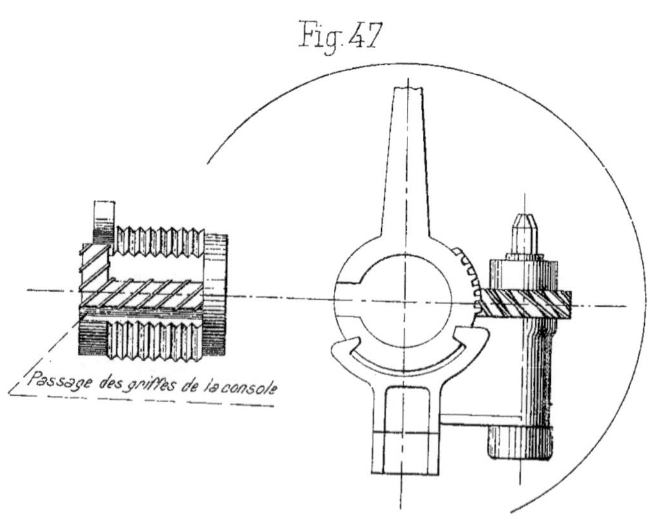

Fig. 47

crémaillère latérale engrenant avec ce pignon, crémaillère qui est coudée à l'arrière et embrasse un secteur de la vis.

La culasse étant fermée, si l'on fait tourner l'axe de console dans le sens convenable, la partie circulaire de la crémaillère provoquera la rotation de la vis; la partie rectiligne commandera ensuite la translation. Quand le fond des rainures de la vis viendra buter contre les griffes de la console, celle-ci tournera alors autour de son axe.

La culasse Farcot se manoeuvrait soit hydrauliquement, soit à main au moyen d'un levier à cliquet monté sur l'axe de console. Dans ce dernier cas, la manoeuvre était très pénible et c'est lors de l'abandon des manoeuvres hydrauliques que l'on renonça au système Farcot.

Aujourd'hui on revient à nouveau à la manoeuvre mécanique surtout pour ménager les servants en cas de manoeuvre prolongée et aussi pour permettre de supprimer un de ces servants par bouche à feu. Dans ces conditions, la culasse Farcot présente un avantage par rapport à la culasse Manz, la succession des deux mouvements de rotation dans l'écrou et de translation de la vis s'effectuant sans interrompre la liaison entre la vis et les dentures de commande.

Lorsque l'on veut assurer la manoeuvre mécanique des culasses, on rencontre de sérieuses difficultés tenant à l'obligation où l'on se trouve de ralentir la vitesse à la fin de chacune des diverses phases dont se compose la manoeuvre.

Voici à titre d'exemple la solution adoptée pour les canons de 30 c/m des Jean-Bart (fig.48):

La commande est électrique, un moteur disposé sur la pièce actionne l'arbre A parallèle à l'axe du canon et qui commande par l'intermédiaire de deux roues dentées l'axe de console.

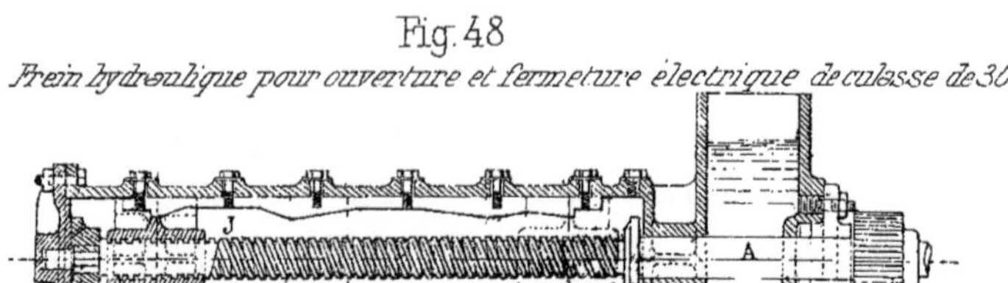

Fig. 48
Frein hydraulique pour ouverture et fermeture électrique de culasse de 30

Cet arbre **A** traverse un cylindre ralentisseur de vitesse rempli d'huile. Il est fileté sur toute sa longueur intérieure au cylindre; un chariot **J** formant écrou mobile constitue le piston de frein.

L'arbre tournant sans se déplacer longitudinalement entraine le coulissement du piston dans le cylindre; ce dernier est muni à l'intérieur de deux réglettes diamètralement opposées qui s'engagent dans des encoches correspondantes du piston.

Le profil identique de ces deux réglettes est variable et déterminé de manière à ralentir le mouvement du piston et par suite celui de l'arbre **A** aux moments voulus, c'est-à-dire:

1°) Dans le mouvement d'ouverture: à la fin de la rotation de la vis, à la fin de sa translation, à la fin de la rotation de l'ensemble vis-console,

2°) A la fin des phases correspondantes dans le mouvement de fermeture.

Des manchons permettent le débrayage du moteur et l'embrayage d'un volant spécial pour la manoeuvre à bras.

<u>Tracé des canons</u> - Les conditions de service interviennent

avec les conditions de résistance pour déterminer le mode de construction des bouches à feu, dont le tracé intérieur a été fixé par les conditions balistiques à réaliser.

Parmi ces conditions de service doit figurer la rigidité. Les bouches à feu, par suite de l'action de la pesanteur, tendent à fléchir suivant une courbe qui dépend à la fois de leur tracé et de leur mode de tenue sur l'affût, et qui, en raison des dimensions relatives des divers éléments du canon et du berceau affecte uniquement en pratique, la volée de la pièce, en porte à faux par rapport au berceau.

Au moment où le projectile passe dans la volée, il est déja animé de vitesses de translation et de rotation très grandes et en vertu de son inertie, il va relever brusquement la partie fléchie qui entrera alors en vibration. On conçoit que la production de ce phénomène est liée étroitement à la régularité du tir et qu'il convient de l'éviter ou la réduire le plus possible.

On y parvient par une organisation rationnelle des éléments de la bouche à feu, principalement de la volée. On fait usage d'éléments longs assemblés les uns aux autres et non simplement juxtaposés, ces éléments se prolongeant le plus possible vers l'arrière de façon à être fortement reliés au corps, partie pratiquement indéformable.

Remarquons à cette occasion que la courbure des volées que peut provoquer une différence de température entre les deux côtés opposés diamètralement n'est nullement négligeable, s'il s'agit de bouches à feu de grande longueur. Un calcul simple montre que pour un canon de 30 c/m de 50 calibres de longueur d'âme, à une différence de 1° de température entre deux génératrices opposées diamètralement, correspond une inclinaison de la génératrice extrême

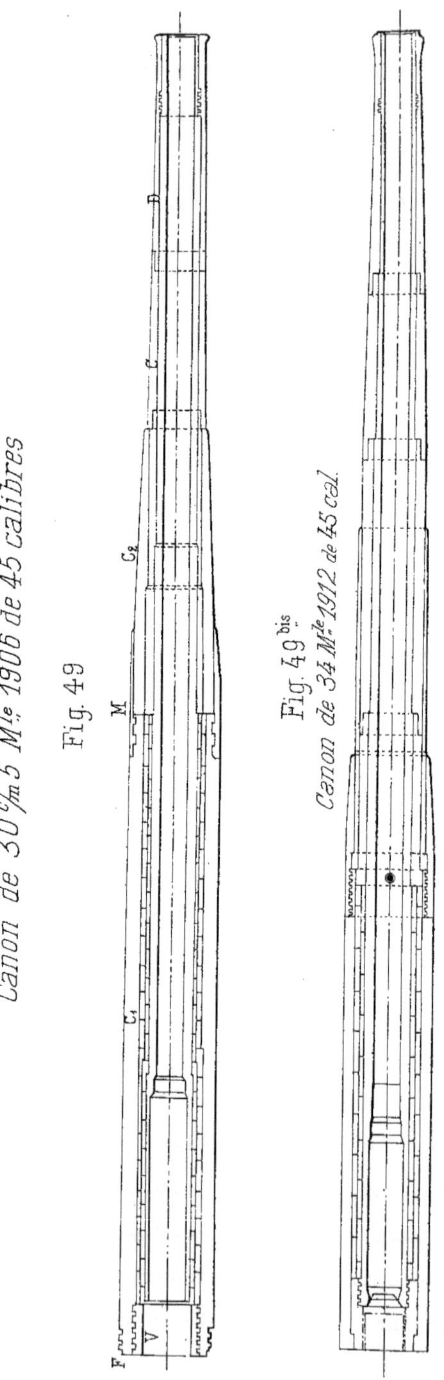

sur l'axe de 43". Or il suffit d'un vent de travers refroidissant un côté de la pièce pour créer une différence de température de 4°.

Il résulte de ces considérations que le repérage des appareils de visée par rapport à l'axe d'une bouche à feu doit être effectué en prenant pour cet axe celui de la partie arrière ou renfort et non tout autre défini par un point de la volée, car il cesserait alors d'être fixe dans l'espace.

Les tracés que nous donnons ci-contre montrent l'application des considérations exposées relativement à la construction des bouches à feu.

Nous prendrons par exemple les canons de 30 c/m Mle 1906 (fig.49) et Mle 1906-10; le tracé de ce dernier modèle a d'ailleurs été conservé pour les canons plus récents: 34 c/m Mle 1912 (Fig.49bis

A l'intérieur, un long tube mince s'étendant de l'avant de la culasse à la bouche comprend la chambre et l'âme rayée.

Immédiatement autour de ce tube, on trouve à l'arrière des frettes courtes et nombreuses A, à l'avant des frettes plus longues portant des noms différents B jaquette, C frette de volée, D frette de bouche. Autour des frettes se trouvent le corps arrière C_I et le corps avant C_2 réunis par un manchon d'assemblage M.

Le corps arrière dépasse à l'arrière le tube fretté d'une longueur destinée à loger la fermeture de culasse. A l'intérieur de cette partie est vissée la virole V qui s'appuie par sa face avant sur le tube et dans laquelle est pratiqué l'écrou de culasse.

Les corps placés comme les frettes avec serrage contribuent à la résistance transversale, ils assurent en outre à eux seuls la résistance longitudinale.

A la partie extérieure du corps arrière est pratiqué un filetage F servant à visser la bague d'attache à laquelle s'attachent les tiges de piston des freins et des récupérateurs.

Dans le tracé que nous venons d'examiner, la virole n'est pas reliée au tube, le tracé est dit à virole indépendante.

A partir du modéle 1906-10, on a employé le tracé à virole à recouvrement (fig.50), dans lequel cet organe, simplement ap-

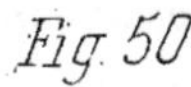

Fig. 50

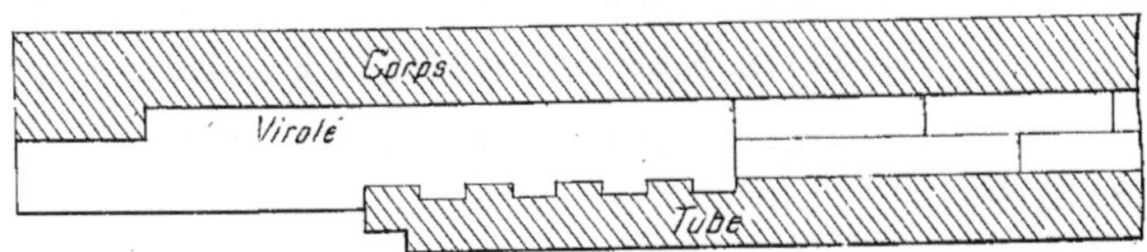

puyé au corps arrière par un adent, est vissé sur l'arrière du tube; ce dernier est alors intéressé également dans la résistance longitudinale.

Artillerie (5ᵉ Cahier)

§ II - CHARGES ET ETOUPILLES.

Nous avons déja indiqué que la charge de poudre était, suivant les cas, renfermée dans un ou plusieurs sacs de serge constituant les gargousses ou dans une douille en laiton.

Pour les canons de petit calibre, la douille est sertie sur le projectile et l'ensemble constitue une cartouche complète.

Pour les moyens calibres, le projectile est séparé de la douille et celle-ci est fermée à l'avant par un opercule métallique que l'on enlève au moment du tir. Pour les canons de 16 c/m, la charge comprend à la fois une douille chargée et une gargousse.

Pour les gros calibres, on emploie uniquement les gargousses, fractionnées suivant les cas en demi, tiers ou quart.

Disons en passant qu'il y a pour chaque canon des charges pour combat, pour exercice, et des charges spéciales pour dégager un projectile engagé.

Quel que soit le mode de constitution de la charge, des sachets d'allumage en poudre noire, dont nous avons déja parlé, y sont fixés à l'arrière et le feu est mis à ceux-ci par l'intermédiaire d'une étoupille obturatrice.

Celle-ci consiste en un corps en laiton de 4 c/m de long légèrement tronconique qui contient à l'arrière une cheminée en laiton vissée à l'intérieur et que coiffe la capsule chargée en fulminate de mercure, puis une charge de poudre noire. (fig.51)

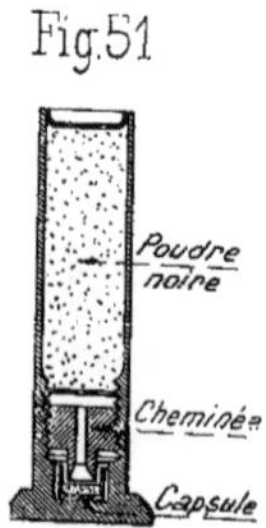

CHAPITRE V . . . .

Chapitre V

Projectiles

§ I - PRINCIPES D'ORGANISATION.

Mouvement dans l'air - Comparaison du projectile lourd et du projectile léger - Influence de l'alourdissement sur la grandeur de la zône dangereuse.

§ II - PERFORATION DES PLAQUES.

Formules de perforation - Influence de l'alourdissement du projectile dans le tir oblique - Rôle de la coiffe.

§ III - CHARGEMENT EN EXPLOSIF.

Emploi de la mélinite - Effets d'asphyxie - Détonation spontanée.

§ IV - AMORCAGE.

Emplacement du système d'amorçage - Bouchons de culot - Retard d'éclatement - Mécanismes de mise de feu.

§ V - DIVERS TYPES DE PROJECTILES DE LA MARINE.

Obus de rupture, de semi-rupture - Obus des modèles récents - Projectiles de moyen et de petit calibres - Attaques sous-marines des bâtiments par l'artillerie - Projectiles sous-marins.

§ VI - EFFETS GÉNÉRAUX PRODUITS PAR LES DIFFÉRENTS TYPES D'OBUS (tirs sur l'Iéna).

Obus de rupture - Obus alourdis - Obus de semi-rupture - Obus en fonte - Obus allongés de la Guerre - Conclusions générales.

§ I - PRINCIPES D'ORGANISATION.

L'action du projectile sur le but dépend de deux facteurs principaux, la force vive possédée par le projectile à l'instant où il atteint le but et l'énergie potentielle emmagasinée dans la charge explosive qu'il transporte.

Il est en outre bien évident que le pouvoir destructeur du projectile est non seulement fonction de l'énergie totale possédée par lui, mais encore de son aptitude à la dépenser sur le but. La prise en considération de ces divers desiderata implique donc l'étude simultanée des moyens propres:

1°) à rendre maxima la précision du tir d'un projectile de poids donné, lancé avec une vitesse initiale déterminée, par un canon donné,

2°) à rendre minima la perte d'énergie cinétique occasionnée par le transport au but de ce même projectile, lancé dans les conditions précitées,

3°) à donner le maximum d'efficacité à l'attaque d'un but déterminé, par un projectile de poids donné, le rencontrant avec une vitesse également donnée.

Les conditions des deux premières catégories, étant d'ordre purement balistique, sont indépendantes de celles rangées dans la 3e catégorie. Il convient par suite de les étudier à part de ces dernières.

Remarquons d'ailleurs que celles-ci peuvent être contradictoires avec les premières; ainsi une forme très allongée de l'ogive, favorable à la diminution de la résistance de l'air dans le parcours de la trajectoire, est au contraire défectueuse au point de vue de la perforation des plaques.

Mouvement dans l'air.-

Au point de vue du mouvement dans l'air, il y a lieu d'envisager:

1°) la régularité au départ,

2°) la stabilité de l'axe du projectile,

3°) la conservation de sa vitesse.

Nous allons examiner successivement ces différents points.

1°) Régularité au départ - Cette régularité dépend surtout du montage des ceintures, on réussit à l'améliorer en agissant empiriquement sur ce dernier, surtout par comparaison avec des montages existants.

2°) Stabilité de l'axe - L'expérience a montré que pour qu'un projectile soit stable sur sa trajectoire, il doit y avoir entre sa vitesse initiale V, sa longueur L et l'inclinaison θ des rayures, la relation

$$V\, tg\, \theta = 200 \qquad ou \qquad L\, a\, \omega = 400$$

a étant le diamètre de l'âme et θ la vitesse angulaire de rotation

$$\omega = 2\, \frac{V\, tg\, \omega}{a}$$

A cette condition vient s'en ajouter une autre concernant la position du centre de gravité; on a en effet reconnu dans le tir des projectiles très allongés que pour que ceux-ci fussent stables, il fallait que le centre de gravité fût très voisin du centre de figure, c'est-à-dire de la moitié de la distance qui sépare la pointe de l'ogive du culot.

3°) Conservation de la vitesse - La conservation de la vitesse d'un projectile est d'autant mieux assurée que l'accélération retardatrice j, due à la résistance de l'air est plus faible.

Or, cette accélération négative j est de la forme

$$\lambda \, \frac{a^2}{p}$$

a, calibre; p, poids du projectile; λ dépendant de l'angle ogival du projectile et de sa vitesse.

Considérons des projectiles semblables et animés de la même vitesse.

Pour ces projectiles, on aurait:

$$\frac{p}{a^3} = C^{te} = K$$

On en déduit:

$$\frac{a^2}{p} = \frac{1}{K a}$$

L'accélération retardrice est donc, toutes choses égales d'ailleurs, en raison inverse de K, c'est-à-dire de $\frac{p}{a^3}$. Donc pour un calibre donné, les projectiles lourds conservent mieux leur vitesse que les projectiles légers.

Si, d'autre part, on considère des projectiles semblables mais de calibres différents a et a' on aura

$$\frac{p}{a^3} = \frac{p'}{a'^3} = K$$

d'où $\quad \dfrac{a^2}{p} = \dfrac{1}{K a} \quad$ et $\quad \dfrac{a'^2}{p'} = \dfrac{1}{K a'}$

L'accélération retardrice sera inversement proportionnelle au calibre; donc pour des projectiles semblables et de calibres différents, ce sont les projectiles de plus gros calibres qui conservent le mieux leur vitesse.

La valeur de $\frac{p}{a^3}$ qui caractérise un type d'artillerie, est restée généralement inférieure à 12 pour les moyens et gros calibres antérieurs au modèle 1906 - elle a cru d'abord pour dépasser notablement 15 et est redescendue légèrement avec l'augmentation récente de contenance en explosifs des obus .

On appelle en général les premiers,projectiles légers,
les seconds,projectiles lourds.

Le tableau ci-dessous donne ces valeurs pour quelques
projectiles en service:

Calibres	Poids du projectile	Valeur de $\dfrac{p}{a^3}$	
10 c/m	16^k	15,5	
14 c/m	35	12,8	Antérieur au modèle 1910.
	36,500	13,3	Mle 1910
16 c/m	54,900	12	
19 c/m	89,900	12	
24 c/m	170	12	Antérieur au modèle 02-06.
	221	15,6	Mle 1902-06
30 c/m	349,400	12	Antérieur au modèle 1906
	435,600	15	Mle 1906
	418,350	14,4	Mle 1906-10
34 c/m	540	13,4	

Comparaison du projectile lourd et du projectile léger -
Nous avons vu qu'au point de vue de la conservation de la vitesse,
l'emploi de projectiles lourds présentait un sérieux avantage sur
les projectiles légers, avantage qui croît avec la portée. Le tableau ci-après relatif aux projectiles de 30 c/m du poids de 340^k
et de 435^k6 met ce fait en évidence.

TABLEAU....

Distances	$p = 340$ kilogs $V_0 = 865$ mètres pression maxima 2800 kgs par cm² force vive initiale 12965ᵀ mètres charge 129 kgs de poudre BM.15	$p = 435^k.6$ $V_0 = 780$ mètres. pression 2600 kgs par cm². force vive initiale 13506ᵀ mètres charge 12.8 kgs de poudre BM.17	Rapport des forces vives restantes des deux projectiles à la distance considérée
	Fraction de force vive restante rapportée à la force vive initiale.		
	Obus de 3110 kgs	Obus de 435ᵏ600	
0	1	1	1,042
1000	0,881	0,907	1,073
2000	0,774	0,822	1,106
3000	0,677	0,742	1,142
4000	0,589	0,671	1,187
5000	0,510	0,606	1,237
6000	0,440	0,545	1,291
7000	0,381	0,490	1,340
8000	0,327	0,439	1,400
9000	0,282	0,396	1,464
10000	0,247	0,357	1,505
11000	0,218	0,321	1,534
12000	0,194	0,293	1,572
13000	0,175	0,268	1,597
14000	0,161	0,249	1,609

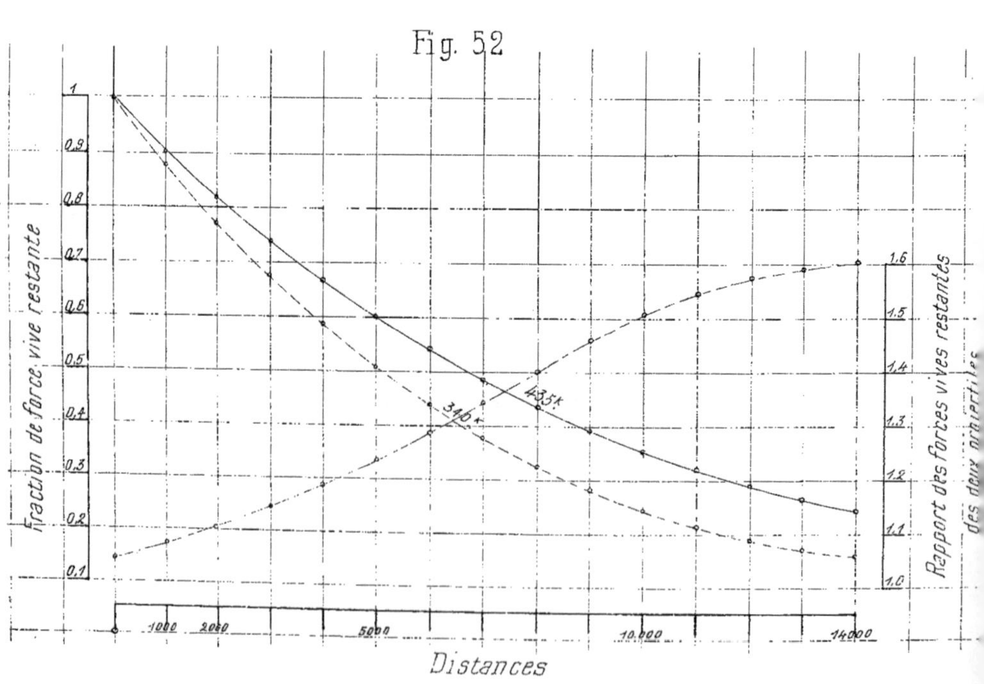

Au point de vue balistique, les avantages afférents à l'emploi du projectile lourd ne se bornent pas à une meilleure conservation de la force vive initiale. L'expérience montre en effet que si l'on tire dans une bouche à feu déterminée, sous une même pression maximum, des projectiles de poids variables, les forces vives initiales des divers projectiles tirés restent sensiblement constantes tant qu'on ne fait pas varier la vivacité de la poudre constituant la charge.

Mais si l'on alourdit le projectile, il devient avantageux d'employer une poudre de vivacité moindre que pour le projectile léger; on réalise alors un gain relatif de force vive voisin de 1/10 de celle correspondant à l'emploi de ce dernier et de la poudre qui lui est appropriée. Dans le cas du canon de 30 c/m, la substitution de l'obus de 435^k6 à celui de 340^k et corrélativement de la poudre BM_{I7} à la poudre BM_{I5} procure un gain initial de 541. tonnes mètres, soit 4,2 %. A 9000 mètres ce gain est de 16,4 %, il dépasse 60 % à 14000 mètres.

Cette supériorité de l'obus lourd peut, il est vrai, etre contrebalancé dans une certaine mesure par le fait que la dépense de force vive qu'il exige pour la perforation d'une plaque donnée est supérieure à celle nécessitée par l'emploi de l'obus léger; cette augmentation dont la valeur est incertaine, ne parait pas cependant devoir dépasser 20 %. Nous reviendrons ultérieurement sur ce point.

Il en résulte donc, si nous nous reportons au tableau précédent qu'au delà de 4000 mètres l'obus lourd sera toujours au point de vue de la perforation, supérieur à l'obus léger.

Comme en deça de 4000 mètres, l'obus lourd reste encore capable de perforer, même sous de grandes incidences, les plus fortes cuirasses en acier cémenté, on peut en conclure que l'infériorité ci-dessus n'a qu'une importance qui ne parait pas devoir balancer les autres avantages que nous venons de signaler.

Influence de l'alourdissement sur la grandeur de la zone dangereuse - L'alourdissement du projectile a également une influence sur la grandeur de la zone dangereuse correspondant à une hauteur donnée du but; c'est ainsi qu'en tirant sur un but de 8^m de hauteur et de 21^m de profondeur en employant soit l'obus de 30 c/m de 340^k à la vitesse initiale de 865^m, soit celui de 435^k6 à la vitesse de 800^m, on constate les variations suivantes des zones dangereuses:

Jusqu'à 6000 mètres, la zone dangereuse de l'obus léger est supérieure à celle de l'obus lourd, elles sont ensuite sensiblement équivalentes jusque vers 10000 mètres, distance à partir de laquelle l'obus lourd reprend l'avantage.

En résumé, étant donnée l'extension sans cesse croissante de la distance à laquelle on peut engager le combat, l'emploi de l'obus lourd, contestable lorsqu'on envisageait l'ouverture du feu à 4000 ou 5000 mètres s'impose au contraire, tout au moins pour la grosse artillerie, avec les grandes distances de combat actuellement considérées comme probables.

La nécessité de limiter la longueur de l'obus et de lui faire porter une quantité d'explosif déterminée est la considération qui intervient pour fixer le maximum de poids du projectile.

§ II . . . .

§ II - PERFORATION DES PLAQUES.

Nous nous bornerons à rappeler au sujet de la constitution des plaques de blindage que celles-ci peuvent se classer en deux catégories:

1°) Les plaques en acier spécial comportant approximativement les teneurs suivantes en corps étrangers

$$C - 0,3 \%$$
$$M_n - 0,35$$
$$N_i - 2,5$$
$$C_u - 0,6$$

2°) Les plaques en acier cémenté dont le métal ne diffère, en principe, de l'acier spécial que par le durcissement par cémentation de la face d'impact.

Ces plaques sont employées pour les cuirassements épais, les plaques en acier spécial servant aux cuirassements minces.

La résistance d'une plaque est définie par la valeur du rapport ρ entre la vitesse stricte de perforation V_p de cette plaque attaquée sous une incidence donnée par un projectile déterminé et la vitesse stricte de perforation V_f d'une plaque en acier ordinaire de même épaisseur, attaquée sous la même incidence par un projectile ogival de même poids et de même calibre.

D'autre part la vitesse V_f est celle que donne la formule Jacob de Marre

$$V_f^2 = \overline{1530}^2 \, \frac{a^{1,5}}{p} \, \varepsilon^{1,4}$$

dans laquelle a est le calibre du projectile en décimètres, p son poids en kilogs, ε l'épaisseur de la plaque en décimètres. V est donné en mètres.

La vitesse stricte de perforation d'une plaque en essai

est celle pour laquelle on obtiendrait la perforation et la traversée complète, le projectile ayant à sa sortie une vitesse restante nulle. Elle se détermine expérimentalement en prenant la moyenne de deux vitesses différant entre elles d'une quantité donnée, variable d'ailleurs suivant les cas, et telle que la perforation et la traversée complète de la plaque soient obtenues avec l'une d'elles et non avec l'autre.

<u>Conséquence des formules de perforation</u> - La formule de perforation que nous pouvons écrire

$$p\,V_p^2 = A\,\rho^2\,a^{1,5}\,\mathcal{E}^{1,4}$$

montre que pour un projectile donné, le seul élément intervenant dans la perforation est sa force vive.

Modifions légèrement cette formule que nous écrirons

$$\frac{p}{a^3}\,V^2 = A\,\rho^2\,\left(\frac{\mathcal{E}}{a}\right)^{3/2}$$

l'erreur ainsi commise sur $\mathcal{E}$ n'atteint pas 1,1 % pour 30 centim. Sous cette forme, on voit que pour des projectiles semblables et de même espèce, tirés à la même vitesse au choc, les épaisseurs strictement perforées sont sensiblement proportionnelles au calibre

Exemple

	Portée	Modèle	V_2	$\mathcal{E}$
Obus R de 19 c/m	7400	1902	518	183 ᵐ/ₘ
Obus R de 30 c/m	5800	93 - 96 M	516	302 ᵐ/ₘ

De même, pour des projectiles de même espèce (même ρ), à égalité d'énergie au choc, les épaisseurs perforées varient sensiblement en raison inverse du calibre

Exemple

	Portée	Modèle	p V^2	Epaiss. perforée	Rapport
Obus R de 30	9000	93 - 96 M	7196^TM	254	
Obus R de 19	1300	1902		366	2/3

Il résulte de la première proposition que l'avantage au point de vue de son utilisation sur le but appartient aux gros calibres. La résistance de l'air est en effet proportionnelle à $\dfrac{a^2}{p}$, c'est-à-dire pour des projectiles de même $\dfrac{p}{a^3}$ à $\dfrac{1}{a}$. Par suite, à la vitesse au choc qui caractérise une portée donnée correspondra une vitesse initiale plus faible pour le gros calibre. On pourra donc obtenir avec ce dernier, à la même portée, des effets plus considérables sur la même plaque, au prix d'une vitesse initiale moindre, c'est-à-dire pour des bouches à feu semblables, au prix d'une moindre densité de chargement ce qui peut, dans une certaine mesure, compenser l'influence du calibre sur l'usure qui croît avec lui.

Du fait que la perte de vitesse est, pour des projectiles semblables, proportionnelle à $\dfrac{1}{a}$, il résulte que pour des vitesses initiales égales, le plus fort calibre aura à une certaine distance de la bouche la plus grande vitesse .

Si donc a et a_1 sont les deux calibres que l'on compare $(a > a_1)$, les forces vives à la bouche seront, puisque l'on suppose $\dfrac{p}{a^3} = \dfrac{p_1}{a_1^3} = K$, respectivement de:

$$\frac{K\,a^3}{g}\, V_o^2 \quad \text{et} \quad \frac{K\,a_1^3}{g}\, V_o^2$$

dans le rapport $\left(\dfrac{a}{a_1}\right)^3$.

D'après la remarque précédente, à une certaine distance de la bouche, le rapport des énergies disponibles ne s'exprimera plus par le cube du rapport du calibre, mais par une puissance supérieure. Désignons-la par $3 + \eta$. L'énergie disponible est alors proportionnelle à $a^{3 + \eta}$; on peut donc poser:

$$p\, V_o^2 = H\, a^{3+\eta} = 1530^2\, a^{1,6}\, \mathcal{E}^{1,4}$$

d'où l'on déduit

$$\mathcal{E} = M\, a^{1,07 + \frac{\eta}{1,4}}$$

c'est-à-dire que les épaisseurs de plaques perforées par des projectiles semblables tirés avec la même vitesse initiale croissent,
toutes choses égales d'ailleurs, plus vite que le calibre employé.

		Poids	$\dfrac{p}{a^3}$	V_o	E à 3000^m acier harweyé	Rapport
Exemple	Obus R de 24	220^k	15,6	700	573	
	Obus R de 10	16	15,5	710	82	7/1

Enfin si nous comparons des projectiles de même calibre
et d'espèces différentes, la relation ci-dessus nous fournira:

$$\left(\frac{\mathcal{E}}{\mathcal{E}'}\right)^{3/2} = \frac{p\,V^2}{p'\,V'^2}\ \frac{\rho'^2}{\rho^2}$$

$\dfrac{p\,V^2}{\rho^2}$ étant définie l'énergie utilisable du projectile, nous con-
cluerons que pour ces projectiles, les épaisseurs perforées varient
comme la puissance 2/3 des énergies utilisables. Il y a équivalen-
ce quand les énergies totales sont dans le rapport des carrés des
coefficients ρ .

Par suite si, à égalité de portée, le projectile lourd a
une énergie supérieure à celle du projectile léger tiré à la même
pression, dans la même bouche à feu, avec une poudre appropriée,
cette majoration d'énergie totale au choc peut être contrebalancée
dans une certaine mesure par l'influence du rapport qui caractérise respectivement les fractions utilisables de cette énergie.

<u>Influence de l'alourdissement du projectile dans le tir</u>
<u>oblique</u> - Si l'on compare, à égalité de force vive au choc, le pro-
jectile lourd et le projectile léger, on contate une infériorité relative du premier par rapport au second; elle est due à la plus grande longueur du projectile alourdi et à l'effort de flexion que sup-
porte celui-ci au choc contre la plaque.

Des expériences faites sur les calibres de 19 c/m, de 24 c/m et de 30 c/m avec des projectiles caractérisés respectivement dans chaque calibre par $\frac{p}{a^3} \sim 12$ et $\frac{p}{a^3} \sim 16$ ont montré que la valeur de ρ pour les projectiles alourdis était supérieure à celle des projectiles légers d'environ 8 %. Il en résulte que pour un même effet le projectile alourdi exige une énergie totale au choc supérieure de 16 % à celle nécessaire au projectile léger.

Ces résultats ne sauraient toutefois être considérés comme définitifs, car en raison du manque d'homogénéité d'une part, des plaques, et, d'autre part, des projectiles, il serait nécessaire de disposer d'un très grand nombre d'expériences.

Valeurs de ρ .-

Les valeurs de ρ varient avec chaque lot de plaques et chaque lot de projectiles, mais on peut admettre en général les moyennes suivantes

Obus léger $\frac{p}{a^3} \sim 12$	Obus non coiffé - plaque en acier spécial	1,15 à 1,20
	-----------------d°----------------- cémenté	1,30
	Obus coiffé - plaque en acier spécial	1,25
	-------------d°------------------ cémenté	1,20
Obus lourd $\frac{p}{a^3} \sim 16$	Obus coiffé et plaque en acier cémenté	1,40

Les expériences de la Commission de Gâvre, ont montré en outre que, contrairement à une opinion longtemps admise, la valeur de ρ était indépendante du rapport $\frac{a}{\varepsilon}$, qu'il s'agisse d'obus coiffés ou non coiffés.

Rôle de la coiffe.-

La mise en service des plaques en acier cémenté avait donné à la cuirasse un notable avantage sur le projectile, l'adjonction à celui-ci d'une coiffe en acier doux détruisit cet avantage.

En tir normal, le projectile non coiffé se brise toujours au choc contre une plaque cémentée d'épaisseur égale à son calibre et il n'arrive à la traverser qu'avec des valeurs de ρ voisines de 1,30. Le même projectile une fois coiffé perfore cette même plaque avec des valeurs de ρ très inférieures (1,20) et en restant le plus souvent entier.

Une plaque cémentée d'une résistance très grandeà l'obus non coiffé, se montrera le plus souvent très peu résistante à l'obus coiffé; aussi convient-il dans des recettes de blindages destinés à supporter au combat le tir d'obus coiffés de se baser sur les résultats d'essais fournis par de tels projectiles.

Aucune règle théorique n'a permis jusqu'à présent de déterminer le tracé rationnel des coiffes; il y a cependant avantage à leur donner une forme effilée permettant une bonne conservation de la vitesse du projectile dans l'air et un faible poids. La figure 53 ci-contre, montre la forme générale des coiffes adoptées en France.

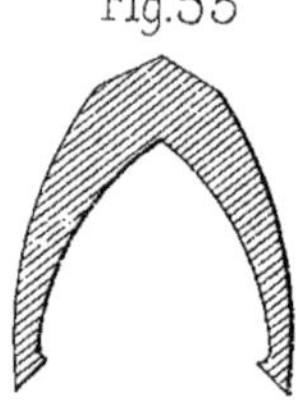

Fig.53

Le rôle de la coiffe n'est pas expliqué d'une façon indiscutable; on admet le plus généralement qu'elle agit en frettant la pointe du projectile à l'instant où celle-ci entre en contact avec la face cémentée de la plaque.

§ III ....

§ III - CHARGEMENT EN EXPLOSIF.

Jusqu'à une époque toute récente, la poudre noire était seule employée pour le chargement des projectiles. Ce n'est guère que depuis 1890 que les diverses artilleries lui ont substitué dans ce but des explosifs à grande puissance.

L'explosif employé doit avoir un potentiel élevé, présenter une grande sécurité d'emploi et une sensibilité au choc convenable.

On a adopté en France la mélinite; c'est une substance composée principalement d'acide picrique, mélangé de nitrocrésol, de nitrotoluol et de nitronaphtaline; elle se présente sous forme de cristaux de petites dimensions, de couleur jaune paille.

Elle a une réaction nettement acide et attaque beaucoup de métaux à l'exception de l'étain pur; les picrates résultant de cette attaque sont explosifs, notamment le picrate de plomb dont l'instabilité est très grande.

La mélinite s'enflamme difficilement et brûle à l'air avec une flamme fuligineuse. A l'état pulvérulent, elle peut être tassée sans danger dans une enveloppe résistante, soit par battage, soit par compression; la sensibilité à la détonation décroît quand la compression augmente.

La mélinite fond vers 120° et peut être coulée sans danger.

La mélinite est chargée à l'état fondu pour les gros calibres et à l'état pulvérulent pour les petits.

<u>Effets d'asphyxie</u> - La détonation de la mélinite donnant naissance à de l'oxyde de carbone, certains auteurs ont conclu à la possibilité d'effets d'asphyxie dans les locaux où se produirait

l'explosion.

Les expériences effectuées au cours des tirs contre l'"Iéna" et dans lesquelles on a recueilli des gaz provenant des locaux où avaient détoné quelques obus ont montré que les gaz produits étaient parfaitement tolérables pour l'organisme.

Détonation spontanée.-

Lorsqu'on tire des obus chargés en mélinite, mais non amorcés contre des plaques d'un même métal d'épaisseurs progressivement croissantes, on constate que ces obus détonent à partir d'une épaisseur limite minima: ce phénomène a reçu le nom de détonation spontanée.

On l'attribue à la compression brusque exercée sur l'explosif du fait de la déformation du projectile.

L'épaisseur limite de détonation spontanée augmente, si entre les parois de la chambre et le chargement on interpose une enveloppe pouvant absorber une partie du travail de déformation.

Dans des tirs comparatifs exécutés avec des obus de semi-rupture de 16 c/m animés d'une vitesse au choc de 600 mètres et chargés, les uns réglementairement, les autres avec des cartouches en zinc et en carton, on a obtenu les résultats suivants:

Epaisseurs	Résultats
85 $^m/_m$, acier spécial	Les obus des 3 sortes traversent sans détoner,
103 $^m/_m$, -----d°------	L'obus chargé réglementairement éclate,
103 $^m/_m$, -----d°------	3 obus avec cartouches à enveloppe en zinc éclatent, - 1 n'éclate pas,
103 $^m/_m$, -----d°------	3 obus avec cartouches à enveloppe en carton n'éclatent pas, - 1 éclate.

La détonation spontanée peut être cause de moindre rendement du projectile, une grande partie des effets de l'explosion avant pénétration complète, se produisant en pure perte en deçà de l'obstacle.

§ IV ....

§ IV - AMORÇAGE.

L'amorçage est le dispositif qui a pour but de provoquer la détonation de la charge explosive du projectile au choc sur l'obtacle. Ce dispositif comprend deux parties bien distinctes:

1°) Le mécanisme de mise de feu ou fusée, qui fonctionne à l'instant du choc et a pour but de provoquer la détonation d'un explosif excitateur;

2°) Le système d'amorçage proprement dit dont l'objet est de faire exploser le chargement intérieur par l'intermédiaire de la détonation de l'explosif excitateur précité.

La nature de ce dernier dépend de celle de l'explosif constituant le chargement principal. Elle dépend également du caractère de la détonation qu'on veut obtenir.

Le mécanisme de mise de feu est, au contraire, indépendant des données relatives au chargement en explosif.

Avant d'examiner les amorçages employés par la Marine, deux questions préjudicielles se posent, la prémière relative à l'emplacement du système d'amorçage, la seconde concernant la grandeur du retard à réaliser dans l'éclatement derrière l'obstacle, lorsque bien entendu la détonation n'est pas spontanée.

Emplacement du système d'amorçage - Le système d'amorçage peut être placé soit à l'ogive, soit au culot du projectile. Dans le premier cas, le chargement se faisant par l'oeil d'ogive, la partie compacte du chargement, supposé obtenu par fusion, est précisément reportée dans la région où se développent les efforts maximum dûs à l'inertie au départ.

Au choc sur l'obstacle, c'est au contraire la région

défectueuse du chargement qui subit les efforts maximum de tassement.

D'autre part, l'installation de l'amorçage dans l'axe de
l'ogive a pour effet de diminuer la résistance au choc de cette
dernière et de produire le fonctionnement prématuré du système d'a-
morçage par suite de sa déformation contre l'obstacle.

Dans le cas de l'amorçage au culot, le chargement se faisant par l'arrière, c'est au contraire la partie la moins saine du
chargement qui subit les efforts maximum au départ. Par contre, la
fusée se trouve très bien protégée à l'arrivée sur la plaque. Il
résulte de cet exposé, que si l'on est à même de réaliser:

1°) des fermetures au culot suffisamment étanches aux gaz du
coup de canon,

2°) des chargements en mélinite compacts dans le voisinage du
bouchon de culot,
on a tout avantage à adopter l'amorçage au culot. En fait, les diverses marines militaires ont abandonné aujourd'hui l'amorçage à
l'ogive pour les obus en acier chargés en explosifs.

<u>Bouchons de culot</u> - La réalisation de l'amorçage au culot
implique, avons-nous dit, celle d'un bou-
chon de culot assurant l'obturation de l'o-
bus. La solution de ce problème cause des
diificultés assez grandes. Il faut en effet que la tranche AV - a b du bouchon porte
énergiquement non seulement contre la char-
ge explosive, afin de s'opposer à tout tassement de celle-ci à
l'instant du départ du projectile, mais encore sur la tranche arrière c d du projectile, afin de s'opposer à la pénétration des gaz
dans le filetage du bouchon. Pour obtenir l'étanchéité aux gaz du

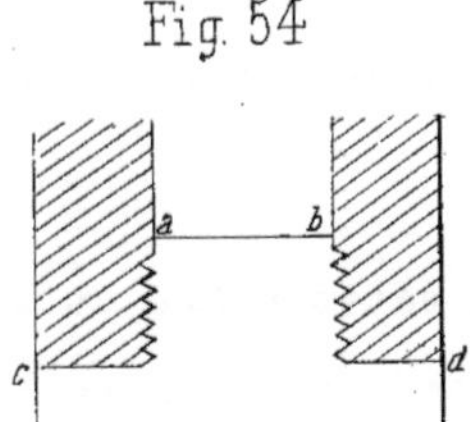

Fig. 54

joint en question et aussi pour assurer le double partage précité, on a recours à l'écrasement d'une rondelle métallique placée entre le rebord du bouchon et la tranche **A** du projectile. On conçoit que cette opération soit assez délicate, car l'écrasement de la rondelle une fois terminé, la tranche a b doit être en contact avec l'explosif et exercer sur lui une compression effective, soit directement, soit par l'intermédiaire d'une rondelle compressible.

On peut éviter la sujétion du double partage en faisant usage de deux bouchons séparés, ayant pour objet exclusif, l'un - le bouchon intérieur A - de maintenir la mélinite au choc de départ, l'autre - le bouchon extérieur B - d'assurer l'étanchéité aux gaz,

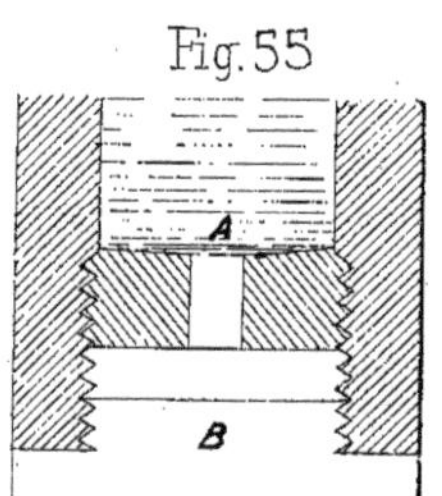

Fig. 55

du vide intérieur. Le grave inconvénient inhérent à l'emploi du bouchon unique est ainsi évité, mais il en existe un autre tenant à la difficulté d'empêcher, au moment de la coulée, l'infiltration de la mélinite fondue entre le corps d'obus et le bouchon A. De plus, le poids du double bouchon étant supérieur au poids du bouchon simple, on diminue l'épaisseur limite de détonation spontanée.

Avec le bouchon unique, le système d'amorçage est vissé suivant l'axe. Lorsqu'on emploie le double bouchon, il est disposé dans l'axe du bouchon intérieur.

Retard d'éclatement - L'utilisation rationnelle de l'énergie potentielle de la charge explosive dépend en première ligne du retard d'éclatement. Pour obtenir à cet égard un rendement satisfaisant, il conviendrait de faire évidemment en sorte que la détonation du projectile se produisît à proximité et au-delà de l'obstacle traversé. La résistance opposée par cet obstacle au mouvement du projectile étant des plus variables, puisqu'il peut être constitué indiféremment par une plaque épaisse d'acier cémenté ou une tôle légère de 3 millimètres, on se heurte là à un problème des plus difficiles à résoudre.

Sensibilité du mécanisme - Il est bien évident qu'on a tout intérêt à avoir une fusée aussi sensible que possible, c'est-à-dire susceptible d'assurer la détonation du projectile qu'elle arme sur des obstacles très peu résistants. La seule règle à laquelle on devra s'assujettir dans ce cas sera de réaliser un intervalle d'éclatement supérieur à une certaine longueur, à la condition que cette dernière ne dépasse pas une limite compatible avec l'organisation générale du but à combattre par le projectile considéré. Dans la pratique, il semble que cette limite puisse être, pour l'obus de 30 c/m, de l'ordre de 3 ou 4 mètres au plus, pour des obstacles formés par des tôles de 3 à 4 m/m d'épaisseur.

Mécanisme de mise de feu - Le principe général de ces organes repose toujours sur l'inertie d'une masse portant le porte-amorce et qui, à l'instant du choc, est libre de se mouvoir, par rapport à la partie du mécanisme portant le rugueux.

A l'état de repos, ce mouvement doit être rendu impossible, de manière à éviter tout accident dans les manipulations de projectiles. L'armé du mécanisme est l'opération qui a pour effet de libérer automatiquement le porte-amorce, soit à l'instant du départ du coup, soit au choc sur l'obstacle.

Pour produire l'armé, on peut utiliser, soit les effets de l'inertie de translation, soit ceux de l'inertie de rotation.

Mécanismes à friction - Les mécanismes, basés sur l'emploi de l'inertie de translation, sont à simple ou à double réaction.

Dans le premier cas, la masselotte porte-amorce repose au fond de
son logement, elle est assujettie dans cette posi-

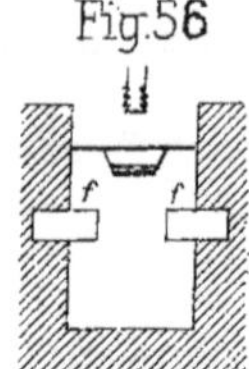
Fig.56

tion par deux freins f, constitués par deux cylindres en cuivre ou en plomb engagés à la fois dans
la masselotte porte-amorce et dans des évidements
pratiqués dans le logement de cette dernière (fig.56

Dans le second cas (fig.57), il existe un intervalle initial entre la base a b de la masselotte et le fond c d de son logement.

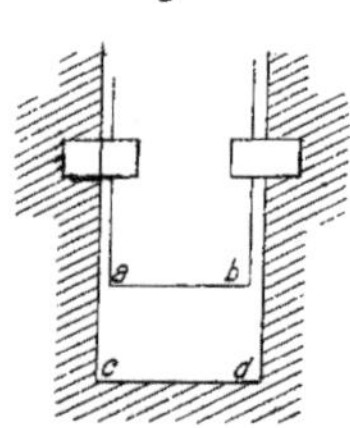
Fig. 57

On se rend immédiatement compte que le
mécanisme à double réaction doit être plus sensible que celui à simple réaction. L'armé de ce
dernier s'effectuant en effet sur l'obstacle, le
mouvement relatif du porte-amorce nécessite au
préalable le cisaillement des freins, cisaille-
ment qui est effectué au choc de départ dans le mécanisme à double
réaction.

La résistance des freins au cisaillement est donc l'élément de sécurité dans les manipulations; or les accidents pouvant
survenir au cours de celles-ci, -chutes de plusieurs mètres suivies
d'un arrêt brusque - donnent précisément naissance à des effets
d'inertie du même genre que ceux qui agissent sur le mécanisme au
choc de départ ou d'arrivée. Une explosion peut donc être la conséquence d'un accident du genre de ceux précités.

Avec le mécanisme à double réaction, il importe encore
de se mettre à l'abri des éclatements prématurés sur la trajectoire,
dus à l'accélération négative de la résistance de l'air.

Cette accélération étant relativement petite, on se met
à l'abri de ses effets en interposant un ressort à boudin entre le

porte-amorce ou marteau et le fond du logement de ce dernier. On
évitera enfin tout rebondissement du marteau au choc d'armé, en
interposant une rondelle de plomb entre la base de cet organe et les
goupilles d'arrêt qui limitent la course d'armé.

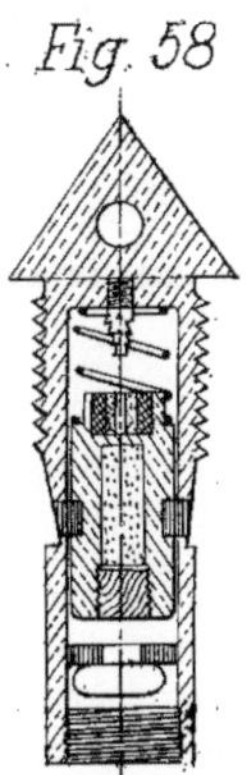

La figure 58 reproduit la coupe d'un mécanisme à double réaction constitué comme il vient
d'être dit. Il comporte, pour les obus se char-
geant par l'ogive, un corps en bronze vissé sur
l'oeil du projectile et terminé par une partie conique ou chapeau,

un rugueux en cuivre rouge fixé au-dessous du chapeau,

un ressort à boudin,

un marteau en laiton contenant: une amorce à friction recouverte
de papier et une charge de poudre de chasse placée à la partie inférieure de cette dernière,

deux freins en plomb traversant complètement les parois du corps
de fusée,

une rondelle en plomb servant de butée d'amortissement du choc d'armé et supportée par deux goupilles d'arrêt.

Ce type de mécanisme s'établit en plusieurs grandeurs désignées par des numéros à partir de 0, ce dernier relatif au mécanisme de la plus grande dimension.

<u>Mécanismes utilisant l'inertie de rotation</u> - Des fusées
utilisant l'inertie de rotation (fusées Schneider) remplacent actuellement les mécanismes fonctionnant par inertie de translation.
Dans ces mécanismes la masselotte est libérée par le dégagement
d'organes s'effectuant sous l'action de la force centrifuge qui
prend naissance dans le mouvement de rotation du projectile (fig.

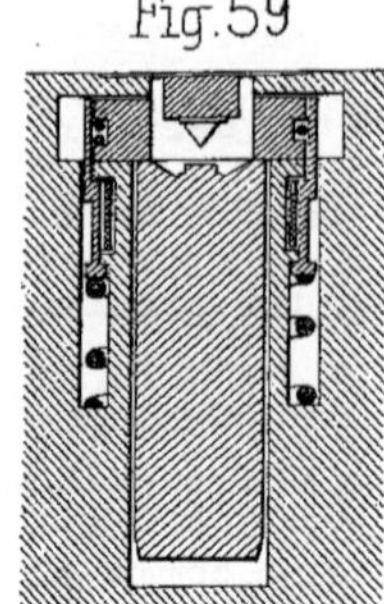

Fig.59

59). Comme ce dégagement n'est possible que
pour de grandes vitesses de rotation, ces mécanismes offrent une sécurité plus grande
que les précédents, une chute du projectile
étant impuissante à réaliser l'armé de la fusée.

La question de l'organisation complète des amorçages au
culot étant secrète ne peut trouver place ici.

§ V ....

§ V - DIVERS TYPES DE PROJECTILES DE LA MARINE.

Jusqu'à ces dernières années, on prévoyait dans l'approvisionnement des bords plusieurs types de projectiles appropriés à l'attaque des différentes parties inégalement protégées des bâtimetns adverses.

A partir des cuirassés de 18000 tonneaux, l'approvisionnement a été constitué par un projectile unique pour les raisons suivantes :

1°) l'emploi de plusieurs types de projectiles par calibre complique les approvisionnements ;

2°) les surfaces protégées à bord augmentent sans cesse et le but tend de plus en plus à avoir une constitution défensive uniforme à laquelle doit répondre l'uniformité des moyens d'attaque ;

3°) en tablant même sur l'existence de tôleries non protégées, la précision d'un tir de combat, même aux faibles distances de 3000 à 4000 mètres n'est pas telle qu'on puisse choisir, avec des probabilités raisonnables d'atteinte, la partie du but qu'on veut attaquer avec un projectile déterminé. La recherche d'une telle précision étant illusoire, on doit par suite se borner à chercher à atteindre le but tout entier avec un projectile capable de produire des effets destructeurs, quel que soit son point d'impact ;

4°) Etant donnée la vitesse des navires actuels, les distances du but varient très rapidement ; d'autre part, un certain délai sera souvent nécessaire pour la délivrance à une pièce d'un projectile déterminé, par suite des exigences du service des monte-charges et des transbordeurs ; on serait donc obligé de tirer pendant un certain temps un projectile d'une certaine nature alors qu'on en aurait demandé d'autres.

Aussi, pour toutes ces raisons, on a décidé, dans les bâtiments récents, l'adoption d'un projectile unique, alourdi.

Nous allons passer en revue les différents types de projectiles en acier en service dans la Marine. L'obus en fonte n'entrant plus dans la constitution des approvisionnements des derniers navires entrés en service, ne sera pas étudié.

<u>Obus de rupture</u> - L'obus de rupture a été établi, à l'origine, pour obtenir la perforation des plaques de ceinture, de préférence à hauteur de la flottaison; son but principal étant la production de la voie d'eau susceptible de faire couler le bâtiment; la production de dégâts en arrière de la muraille était considérée comme accessoire. Le chargement intérieur, constitué en poudre noire était d'ailleurs souvent impuissant à rompre son enveloppe.

Après l'adoption de la mélinite pour le chargement des projectiles, les idées évoluèrent quant à l'importance à accorder à la production des effets au delà. Etant données d'une part la très faible probabilité des coups atteignant la flottaison du navire et d'autre part l'organisation du caisson blindé limitant dans une très large proportion les conséquences d'une voie d'eau due à une simple perforation de la ceinture, il fallait essayer de produire, en même temps que celle-ci, des effets de désorganisation dans la tranche cellulaire.

L'emploi des obus de rupture coiffés, chargés en mélinite et amorcés au culot a répondu à ce desideratum.

Le tableau ci-après résume les principales données concernant les obus de rupture actuellement en service sur les bâtiments récents.

TABLEAU....

	Projectiles légers			Projectiles alourdis	
	16 %m	19 %m	30 %m	24 %m	30 %m
Longueur totale du projectile coiffé en calibres	2ᶜ64 (435 ^{m}/m)	2ᶜ65 (515 ^{m}/m)	2ᶜ72 (830 ^{m}/m5)	3ᶜ49 (845 ^{m}/m5)	3ᶜ58 (1039 ^{m}/m5)
Épaisseur minimum des parois de la chambre en calibres...	0ᶜ22 (35 ^{m}/m)	0ᶜ21 (44 ^{m}/m)	0ᶜ21 (64 ^{m}/m 8)	0ᶜ22 (52 ^{m}/m 7)	0ᶜ25 (76 ^{m}/m)
Distance de la pointe de l'ogive à la chambre en calibres	0ᶜ84 (139 ^{m}/m)	0ᶜ84 (165 ^{m}/m)	0ᶜ85 (262 ^{m}/m5)	0ᶜ86 (217 ^{m}/m)	0ᶜ9 (278 ^{m}/m)
Poids total de l'obus	54^{k}900	89^{k}900	349^{k}500	221^k	435^{k}6
Valeur de $\frac{p}{a^3}$	12	12	12	15,6	15
Poids de la charge en mélinite.	0^{k}970	1^{k}590	8^{k}160	5^{k}690	11^{k}620
Rapport du poids de cette charge au poids total de l'obus	1,77 %	1,78 %	2,33 %	2,6 %	2,67 %

En ce qui concerne les conditions de recette de ces projectiles, nous nous bornerons à dire qu'elles comportent un tir oblique sous une incidence de 15° sur plaque cémentée; l'épaisseur de la plaque est voisine du calibre à éprouver; le projectile est tiré coiffé à une vitesse supérieure de 60ᵐ à la vitesse stricte de perforation; le projectile doit traverser la plaque.

Obus de semi-rupture - L'obus de semi-rupture a été imaginé pour remplacer l'obus en fonte à oeil d'ogive chargé en explosif, reconnu impuissant dans l'attaque des cuirassements même légers.

L'obus de R/2 devait pouvoir traverser des plaques d'une épaisseur voisine du demi-calibre et contenir la plus grande charge possible de mélinite devant détoner au-delà.

L'obus de semi-rupture est amorcé au culot comme l'obus de rupture. Il se distingue de ce dernier par une plus grande longueur, une moindre épaisseur de parois et une plus forte charge en mélinite. Le tableau ci-dessous fait ressortir la différence existant à cet égard entre l'obus de rupture de 30 c/m (obus léger) et l'obus de semi-rupture du même calibre.

	Obus R coiffé	Obus R/2 coiffé
Longueur totale	830 ^{m}/m (2^{c}72)	915 ^{m}/m (3^c)
Distance de la pointe de l'ogive à l'extrémité N de la chambre	265 ^{m}/m5 (0^{c}85)	154 ^{m}/m (0^{c}5)
Épaisseur minima des parois	64^{m}8 (0^{c}24)	51 ^{m}/m (0^{c}17)
Poids de la charge de mélinite	8^{k}760	19^{k}500
Rapport du poids de cette charge au poids total de l'obus	2,4 %	5,6 %

Les rapports entre les deux nombres correspondants des deux colonnes sont d'ailleurs sensiblement les mêmes pour tous les calibres.

Le tir de recette des obus R/2 s'effectue sur plaque en acier spécial d'épaisseur voisine de la moitié du calibre fixée sur un double platelage d'acier ordinaire de 10 ^{m}/m. L'incidence est de 15°, la vitesse au choc calculée par la formule Jacob de Marre.

Aux petites distances de combat les obus de R/2 peuvent traverser des plaques d'épaisseur voisine du calibre.

<u>Obus unique des modèles récents</u> - A partir des bâtiments du programme de 1910, on a remplacé les deux types de projectile

de 30 c/m rupture et semi-rupture de l'artillerie principale par
un projectile unique de caractéristiques intermédiaires. Il possède
par suite un pouvoir perforant supérieur à l'obus de semi-rupture
et contient une charge d'explosif plus forte que l'obus de rupture
alourdi. Son poids est également compris entre celui de l'obus léger et de l'obus lourd. L'obus de 34 c/m a été établi par analogie.

Le tableau suivant donne les caractéristiques de ces obus,
ainsi que celles des obus alourdis de 24 et 30 c/m.

	Calibres		
	24 c/m	30 c/m		34 c/m
Date des tracés	3 nov. 1909	3 nov. 1909	6 fév. 1911	1ᵉʳ Oct. 1912
Longueur totale du projec-tile coiffé	845,5	1039,5	1039,5	1078,5
Longueur en calibres	3,49	3,38	3,38	3,15
Épaisseur minimum des parois de la chambre...	52ᵐ/ₘ7 (0ᶜ22)	76ᵐ/ₘ (0ᶜ25)	55ᵐ/ₘ (0ᶜ18)	72ᵐ/ₘ (0ᶜ21)
Distance de la pointe de l'ogive à la chambre...	217ᵐ/ₘ (0ᶜ9)	278ᵐ/ₘ (0ᶜ9)	262ᵐ/ₘ5 (0ᶜ85)	271ᵐ/ₘ (0ᶜ79)
Poids total de l'obus....	221ᵏ	435ᵏ600	418ᵏ350	540ᵏ
Valeur de $\frac{p}{a^3}$	15,6	15	14,11	13,4
Poids de la charge de mélinite	5ᵏ690	11ᵏ620	16ᵏ460	21ᵏ690
Rapport du poids de cette charge au poids total...	2,57 %	2,67 %	3,93 %	4 %
Mécanisme	double réaction	double réaction	double réaction ou fusée Schneider de 32/44 Mᵈˡᵉ 1910	fusée Schneider Mᵈˡᵉ 1910 de 32/44

Ce dernier type de projectile a été étudié à la suite des
expériences de tirs sur l'Iéna, dont nous donnerons plus loin quel-
extraits.

Les conclusions générales qui en ont été dégagées sont venues confirmer d'ailleurs celles déduites des essais faits à Gâvre, en particulier la suivante est d'une importance capitale.

L'action de l'explosif seul est impuissante à détruire la protection donnée par un blindage épais, le projectile doit d avant tout, perforer et une fois la perforation assurée, il y a térêt à augmenter la charge explosive de façon à accroître les e fets de destruction à l'intérieur.

Remarquons en passant qu'en augmentant le calibre, on augmente, à pouvoir perforant égal, la quantité de charge explosi ve intérieure.

<u>Projectiles de moyens et de petits calibres</u> - Etant dor l'épaisseur des cuirassements actuels, même dans les parties les plus faibles, il est évident que les obus de moyens calibres ne peuvent être établis en vue d'obtenir la perforation des blindage même à courte distance.

Le rôle réservé à ces projectiles est l'attaque des superstructure en tôlerie et des coques de contre-torpilleurs. Dans ces conditions, il y a tout intérêt à leur donner la plus forte charge possible d'explosif, compatible avec la sécurité au départ dans le même ordre d'idées il y a avantage à employer des obus no coiffés.

Un obus établi dans ces conditions peut contenir 7 à 8 % de son poids en mélinite.

L'obus de 14 c/m qui constitue l'approvisionnement des canons de moyens calibres des bâtiments du programme de 1910 pèse 36^k500, ce qui correspond à $\frac{P}{a^3} = 13,33$ et contient 2^k660 de mélinite, soit 7,3 % de son poids. Sa longueur totale est de 496 m/m soit $3^{cal}57$ et l'épaisseur minimum de ses parois est de 25 m/m 1 ou $0^{cal}18$.

Ces obus sont reçus au moyen d'un tir effectué sur une plaque en acier spécial d'une épaisseur voisine du 1/2 calibre, simplement appuyée sur ses bords. L'incidence est de 15°, la vitesse au choc supérieure de 50 mètres à la vitesse stricte de perforation.

L'organisation des projectiles de petits calibres destinés à agir sur des tôleries voisines du demi-calibre, est analogue à celle du projectile de semi-rupture.

Indépendamment des divers obus dont nous venons de parler et qui constituent des projectiles de combat, on emploie à bord pour les Ecoles à feu des boulets d'exercice qui se tirent dans les mêmes conditions que les obus en acier de calibres correspondants.

Ces projectiles d'exercice sont en fonte, pleins pour ceux correspondants aux obus lourds; pour ceux correspondants aux obus légers, la différence de densité de l'acier et de la fonte a entrainé la création d'un vide intérieur.

Enfin nous citerons pour mémoire, parmi les projectiles qu'on peut rencontrer à bord, les projectiles de manoeuvre, qui sont destinés à entraîner le personnel aux opérations de chargement des bouches à feu.

<u>Attaques sous-marines des bâtiments par l'artillerie</u> -

Des obus à grande capacité d'explosif et à minces parois ont été quelquefois préconisés, mais toutes les expériences faites ont montré leur insuffisance contre les cuirassements. La question s'est alors posée de savoir s'ils ne pourraient pas être employés comme obus-torpilles contre les parties non cuirassées.

Pour répondre à ces conditions, l'obus doit pouvoir pénétrer dans l'eau, posséder une charge explosive intérieure adaptée à son rôle spécial et être doté d'une fusée capable de faire détoner cette charge seulement au contact ou au voisinage de la carène et non à l'entrée dans l'eau.

Les projectiles ogivaux ne pénètrent définitivement dans l'eau que lorsque leur angle de chute atteint environ 15° au minimum; il en résulte qu'avec les gros calibres des modèles récents, on n'obtiendrait la pénétration dans l'eau qu'aux portées extrêmes compatibles avec l'organisation du matériel.

Pour obtenir la réduction de l'angle de chute limite du ricochet, on peut adopter la solution résultant des expériences faites en 1868 par Withworth et qui consiste à tronquer le projectile et à substituer une tête plate à la forme ogivale. On arrive ainsi à réduire l'angle limite du ricochet à 7° environ.

Dans ces conditions le projectile perd plus rapidement sa vitesse et il est bien évident qu'on ne doit plus compter sur sa force vive pour produire des effets importants de perforation, mais seulement sur les effets de l'explosion de sa charge. L'organisation de la fusée constitue en outre une des difficultés du problème à résoudre.

<u>Projectiles sous-marins</u> .-

Toutefois, on a cherché à utiliser l'aptitude des obus tronqués, au tir sous l'eau, en organisant en projectiles sous -marins non plus des obus à minces parois, inefficaces et qui ne peuvent être tirés qu'à des vitesses relativement faibles, mais des obus à parois résistantes qui peuvent être employés dans les bouches à feu de l'artillerie navale et conserver néanmoins leur pouvoir perforant.

Le problème a été résolu par l'adaptation aux obus de

coiffes plates terminées par un méplat dont la section est environ
moitié de celle du projectile. L'obus est muni d'une fausse ogive
fixée sur la coiffe, et qui, destinée à assurer sa bonne tenue sur
la trajectoire aérienne, se détache au choc sur l'eau.

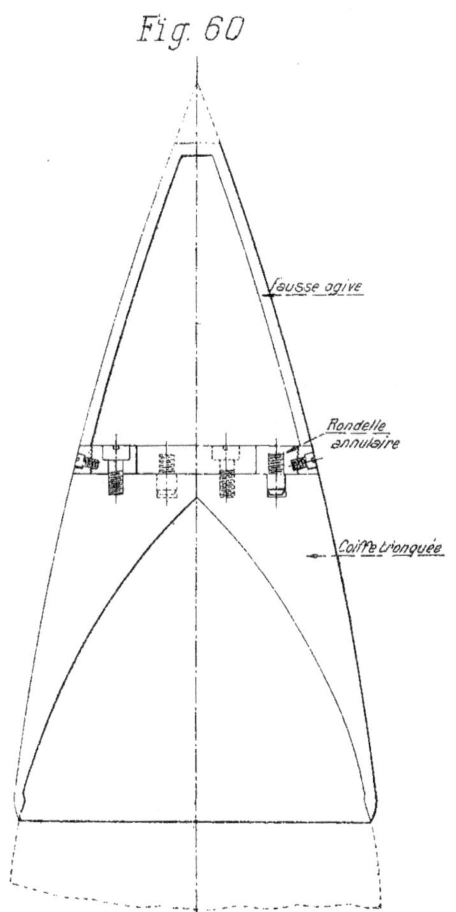

L'expérimentation
d'obus R de 16 c/m ainsi or-
ganisés a permis de consta-
ter que leur pouvoir perforant est sensiblement équivalent à celui des obus de
rupture réglementaires.

On conçoit donc
que l'adaptation de cette
coiffe à des obus R/2 ou à
des projectiles du type de
l'obus de 14 c/m Mle 1910,
ne modifiera pas sensiblement leur tenue au choc sur
l'obstacle quand le projéc-
tile atteindra les superstructures.

D'autre part, ces
projectiles pourront dans
certains cas, par suite de
leur bonne tenue sous l'eau,

atteindre la coque immergée dont la résistance sera insuffisante
pour empêcher la perforation. La difficulté du problème consiste
dans l'organisation de la fusée qui, forcément très sensible en
vue du tir contre les tôles minces, devra néanmoins ne pas provoquer
l'éclatement du projectile au choc sur l'eau.

§ VI - EFFETS GÉNÉRAUX PRODUITS
PAR LES DIFFÉRENTS TYPES D'OBUS.

<u>Obus de rupture</u> - Les effets produits par les obus de rupture coiffés et chargés en mélinite sont parfaitement connus, aussi bien en ce qui concerne les effets perforants étudiés depuis longtemps à Gâvre qu'en ce qui est relatif aux effets de souffle qui ont pu être observé complètement dans les tirs contre l'Iéna.

Touchant les premiers, nous noterons d'abord ce fait fondamental: que le chargement en mélinite d'un projectile de rupture amorcé au culot ne modifie pas sensiblement le pouvoir perforant de ce même projectile lesté. Cela étant, et à la condition de lui donner une vitesse au choc suffisante, l'obus de rupture chargé en mélinite peut traverser, même sous l'incidence de 18°, des plaques d'une épaisseur E supérieure à son calibre a, avec production d'effets au-delà; ces effets sont d'ailleurs d'autant moins grands que le rapport $\frac{E}{a}$ est plus considérable.

Afin de mieux préciser ces divers effets, nous allons les passere en revue en les rapportant aux divers calibres.

<u>Obus de rupture de 16 c/m</u> - Une plaque de 160 $^{m}/_{m}$ d'épaisseur, en acier cémenté, attaquée sous l'angle de 18° par un obus de 16 c/m lesté, animé d'une vitesse au choc de 653 mètres, est nettement traversée et le projectile brisé en un grand nombre de fragments.

Un obus de 16 c/m chargé en mélinite et amorcé au culot est tiré contre la même plaque sous l'incidence de 30° et avec une vitesse au choc de 656 mètres. L'obus traverse complètement en détonant au passage, la plaque est fendue et les dégâts au-delà sont importants.

Le rapprochement de ces deux tirs met bien en évidence la non influence du chargement en mélinite sur le pouvoir perforant du projectile lesté.

Le même obus chargé tiré à la vitesse au choc de 730 mètres et sous l'incidence de 18°, contre une plaque en acier harveyé de 210 $^m/_m$ d'épaisseur la traverse en produisant des effets en deçà et au-delà de la plaque.

Tiré à la vitesse au choc de 510 mètres (vitesse restante à 4000 mètres) et sous l'incidence de 18°, contre une casemate de l'Iéna, l'obus traverse la muraille (90 $^m/_m$ acier spécial + 9 $^m/_m$ + 9 $^m/_m$) et éclate dans la casemate. La gerbe d'éclats très dense a 45° d'ouverture, les éclats déchirent et percent le parados (15 $^m/_m$ - 15 $^m/_m$) sans passer au-delà et ricochent dans la casemate. Les parcs sont atteints et endommagés et le personnel très éprouvé. L'éclatement se produit à deux mètres au-delà de la muraille.

Tiré à la même vitesse au choc mais sous l'incidence de 28° contre une muraille identique située entre deux casemates d'un même bord de l'Iéna, l'obus de 16 c/m traverse la muraille, la cheminée AV et éclate sur le parados d'une casemate de l'autre bord; celui-ci est défoncé avec éclats au-delà. La gerbe d'éclats, très ouverte, accuse des retours en R. Les ponts sont percés. L'intervalle d'éclatement est de 12 mètres.

Tiré dans les mêmes conditions de vitesse au choc et sous l'incidence de 18°, contre des superstructures, le même projectile traverse deux tôles de 3 $^m/_m$, 1 tôle de 12 $^m/_m$ et éclate à un mètre au-delà de cette dernière dans la chambre de veille, dont le mobilier en bois est détruit sans effet d'incendie. La plupart des vitres sont restées intactes, ce qui dénote la faiblesse des effets de souffle.

<u>Obus de rupture de 19 c/m</u> - La puissance de perforation est, comparée à celle de l'obus similaire de 16 c/m, proportionnelle au calibre.

Les tirs sur l'"Iéna" ont encore fait ressortir, la faiblesse des effets du souffle, mise en évidence par l'absence de voilement des tôleries placées à proximité du point d'éclatement.

<u>Obus de rupture de 30 c/m</u> - La même remarqueque plus hau est à faire concernant les effets de perforation.

Les résultats suivants obtenus au cours des tirs exécutés contre l'Iéna sont à citer:

1°) Tirs contre la cuirasse de ceinture en acier cémenté de 320 ᵐ/ₘ d'épaisseur.

a) - Sous l'incidence de 30°, avec une vitesse au choc de 660 mètres (vitesse restante à 4000 mètres) R = 1,29, on obtien la perforation de la plaque, mais le platelage est seulement percé et quelques petits éclats pénètrent dans la coursive.

b) - Sous l'incidence de 30°, avec une vitesse au choc de 574 mètres (vitesse restante à 6000 mètres), l'obus ne perce pas la muraille, l'ogive reste incrustée dans la plaque; le bordé des oeuvres vives est légèrement renfoncé au-dessous de l'impact.

c) - Dans les mêmes conditions de vitesse qu'au coup (a), mais sous l'incidence de 11°, l'obus perfore la muraille en éclatan au passage; le platelage est largement ouvert; l'impact étant très près de la flottaison, il en résulte une voie d'eau importante. Le charbon placé dans la soute située derrière la muraille est bouleversé et la paroi extérieure de cette soute défoncée.

d) - Contre une muraille de 290 ᵐ/ₘ en acier cémenté constituant la cuirasse de la tourelle mobile de 30 c/m, un obus tiré sous l'incidence normale et à la portée fictive de 6000 mètres, produit très peu d'effets à l'intérieur de la tourelle; on note seulement l'ébranlement du toit et la projection de quelques éclats de platelage. La muraille n'est ni perforée, ni percée, l'ogive qui reste incrustée dans la plaque fait saillie à l'intérieur de la tourelle.

2°) Tirs contre les cuirasses minces.

Tiré contre les cuirasses minces, l'obus a perforé à 4000 mètres les plaques de 150 $^m/_m$ et à 6000 mètres les plaques de 120 $^m/_m$ d'acier spécial sous 30° d'incidence, en éclatant au-delà et produisant de forts effets de souffle et de très bons effets de mitraille. A 6000 mètres, il défonce sous les grandes incidences (50°) les plaques de 60 $^m/_m$. Arrivant couché sur une plaque de 90 $^m/_m$ d'acier spécial, il éclate en la défonçant avec effets en deçà et au-delà.

Eclatant au voisinage du pont cuirassé, il produit un affaissement des plaques, mais sans en détacher de fragments.

L'obus se fragmente bien. La gerbe a de 100 à 120° d'ouverture, couvre une surface très étendue. Les éclats percent des obstacles résistants, tels que des parados constitués par deux tôles accolées de 15 $^m/_m$ d'épaisseur; ils peuvent causer des dégâts importants au matériel.

<u>Obus de rupture alourdi</u> - En ce qui concerne les obus alourdis ($\frac{p}{a^3} \sim 15,5$) les résultats ont été les suivants (ces obus de 24 et de 30 sont ceux constituant l'approvisionnement des Danton).

<u>Obus de 24 c/m.</u> Dix obus de 24 c/m ont été tirés contre l'"Iéna". Sept étaient munis du mécanisme à double réaction et trois de la fusée Watson s'armant par inertie de rotation.

Leurs effets ont été appréciés ainsi qu'il suit par la commission spéciale d'expériences.

"L'obus alourdi de 24 c/m possède d'excellentes qualités
"de perforation; il s'est montré efficace à 4000 mètres contre les
"cuirasses cémentées de 290 $^m/_m$ sous l'incidence de 21° et de 245 $^m/_m$
"sous l'incidence de 30° et a produit au-delà de ces cuirasses des
"effets de mitraille très importants. La fragmentation, bonne dans
"ces tirs contre la cuirasse de ceinture, s'est montrée moins satis-
"faisante dans le tir contre la cuirasse fixe de la tourelle de 30
"(gros fragments). Un coup atteignant le tube blindé (200 $^m/_m$ A.S.) a
" produit des avaries très importantes dans les transmissions et
"dans le blockhaus.

"L'obus a perforé les cuirasses minces (90 $^m/_m$ A.S.) sous
"les grandes incidences (50°) en éclatant au-delà. Dans ce cas,les
"effets de souffle sont importants bien que nettement inférieurs à
"ceux de l'obus de semi-rupture. La fragmentation est bonne, les
"effets de mitraille sont un peu supérieurs à ceux de semi-rupture
"en raison de la grosseur des fragments, dont la gerbe est un peu
"moins ouverte. Muni de la fusée Watson, l'obus s'est montré effi-
"cace contre les superstructures (1 seul coup tiré)".

<u>Obus de 30 c/m.</u> Dans les tirs exécutés contre l'"Iéna",
il a été fait usage de 3 projectiles de 30 c/m alourdis, chargés
en guerre.

L'attaque des trois obus lancés contre l'"Iéna",a été lo-
calisée à la cuirasse épaisse de flottaison (320 $^m/_m$ d'acier cémenté
150 $^m/_m$ matelas + 2 tôles de 11 $^m/_m$). Les résultats obtenus peuvent se
résumer ainsi qu'il suit:

L'obus alourdi de 30 c/m s'est montré très efficace à la
portée fictive de 6000 mètres et sous des incidences allant jusqu'à
40°, alors que dans les mêmes conditions l'obus de rupture ordinaire ne produisait que des effets insignifiants.

Son action sur la muraille et sur les cloisonnements en abord se traduit par des avaries pouvant intéresser l'étanchéité de plusieurs compartiments. L'épaisseur attaquée produisant la détonation spontanée du projectile, les effets de celle-ci sont en partie extérieurs et produisent, sur le bordé des oeuvres vives, des déformations peu graves il est vrai.

A l'intérieur du bâtiment, en dehors de gros fragments fournis par la partie massive de l'ogive du projectile et capables (ainsi que les morceaux de cuirasse projetés) de destructions importantes, une gerbe, probablement peu ouverte, d'éclats assez lourds (1 kilog en moyenne) permet d'escompter de bons effets de mitraille. La charge intérieure est en outre suffisante pour donner des effets de souffle appréciables.

<u>Obus de semi-rupture</u> - Les obus $\frac{R}{2}$ chargés en explosif, détonent spontanément au choc sur des plaques en acier spécial dont l'épaisseur est voisine de la moitié du calibre, c'est également l'épaisseur des plaques sur lesquelles ces projectiles sont éprouvés au tir de recette.

Les mêmes obus lestés se rompent dans la traversée, sous l'incidence de 18°, de plaques d'une épaisseur égale à la moitié de leur calibre. Ils peuvent néanmoins, à la condition d'être animés de vitesses caractérisées par des valeurs de R suffisamment élevées, traverser des plaques d'une épaisseur supérieure à leur calibre. C'est ainsi qu'une plaque en acier cémenté de 175 ᵐ/ₘ d'épaisseur, montée sur double platelage de 13 ᵐ/ₘ, a été traversée, sous l'incidence de 18°, par un obus lesté animé d'une vitesse au choc de 720 mètres.

Dans les mêmes conditions, l'obus chargé a traversé avec détonation complète et production d'effets au-delà. Ce fait confirme encore le principe posé précédemment, à savoir que le chargement en mélinite ne diminue pas le pouvoir perforant possédé par le projectile simplement lesté.

La charge intérieure des obus de semi-rupture étant plus du double de celle des obus de rupture du même calibre, il en résulte que les effets de souffle produits par les premiers sont supérieurs à ceux résultant de l'éclatement des seconds lorsque cet éclatement se produit à l'intérieur du navire.

D'autre part, les effets destructeurs au-delà sont, toutes choses égales d'ailleurs, d'autant moins grands que l'obus éclate moins profondément dans la plaque. Du rapprochement de ces deux faits, il s'ensuit que l'obus de semi-rupture sera plus efficace que l'obus de rupture dans l'attaque des parties du navire protégées par des cuirasses minces, le contraire se produisant dans l'attaque des cuirasses relativement épaisses (c'est-à-dire d'une épaisseur de l'ordre du calibre).

Les tirs contre l'"Iéna" ont pleinement confirmé ces déductions ainsi qu'il résulte des résumés ci-après, concernant les effets produits par les obus de semi-rupture de 24 c/m et de 30 c/m

<u>Calibre de 24 c/m</u> - L'obus $\frac{R}{2}$ de 24 c/m a fait preuve d'excellentes qualités de perforation. Deux fois sur deux il a perforé, à la portée fictive de 4000 mètres, des épaisseurs d'acier cémenté égales au calibre. Eclatant au passage sous l'incidence de 30°, il a produit de bons effets de mitraille au-delà.

Sous une faible incidence (14°), il a pu percer à la même portée 290 m/m d'acier cémenté en éclatant dans la plaque et produisant sur celle-ci des effets importants (immobilisation d'une pièce). Dans ces deux cas, les effets de souffle à l'intérieur ont été insignifiants.

A la portée de 6000 mètres, il a perforé aisément les cuirasses minces d'acier spécial contre lesquelles il a été tiré (120 m/m et au-dessous) en éclatant généralement au-delà.

L'éclatement du projectile à l'intérieur du bâtiment donne de forts effets de souffle (arrachements des ponts sur une grande surface). L'obus se fragmente bien, les effets de mitraille sont excellents et étendus, les éclats dont la gerbe présente une ouverture de 120° environ (pour des vitesses restantes de l'ordre de 500 mètres), percent des tôleries épaisses (2 tôles de 15 m/m). Lorsque l'éclatement se produit sous un pont même très résistant (parquet de casemate 20 + 8 m/m), il produit encore un soulèvement localisé de ce pont et des éclats peuvent le traverser avec effets au-delà sur le matériel d'artillerie.

<u>Calibre de 30 c/m.</u> A la portée de 4000 mètres (canon modèle 95 - 96 M) et sous l'incidence de 30°, l'obus de semi-rupture de 30 perce sans la perforer une cuirasse de 320 m/m d'acier cémenté.

A 6000 mètres, il perfore en tir normal la muraille de 260 m/m du blockhaus, en produisant des effets au-delà. Ce coup paraît donner assez exactement la limite du pouvoir perforant de l'obus à 6000 mètres.

Eclatant contre les plaques, l'obus produit par l'action de l'explosif jointe à celle de la force vive au choc, des avaries importantes dans la muraille: refoulement, fissure et même rupture des plaques, enfoncement du platelage, cisaillement des rivets des cornières de tenue. Pour les coups contre la cuirasse de ceinture, l'explosion produit en outre des effets sous-marins (renfoncement du bordé de carène), d'autant plus forts que l'impact est plus voisin de la flottaison et que la pénétration dans la plaque est moindre au moment de l'éclatement; les voies d'eau provenant de ces avaries ne pourraient d'ailleurs devenir graves que si les coups se répétaient dans une même région.

A la portée de 6000 mètres, sous les incidences moyennes (30°), l'obus défonce les cuirasses de 150 $^m/_m$ d'acier spécial en éclatant au passage et produisant des effets de souffle très puissants. Les cuirasses minces de 120 $^m/_m$ sont perforées avec éclatement au-delà. Sous les grandes incidences (60°), il défonce les cuirasses minces de 90 $^m/_m$ en éclatant au passage. La gerbe des éclats de 150° environ d'ouverture, produit d'excellents effets de mitraille pouvant s'étendre au-delà des tôleries résistantes (2 tôles de 15 millimètres).

L'explosion, même très près du pont cuirassé, ne produit qu'un enfoncement localisé des plaques sans en provoquer la rupture.

<u>Obus en fonte</u> - Les expériences de l'Iéna ont comporté également des tirs exécutés avec des obus en fonte, et bien que ces obus chargés en mélinite n'entrent plus dans la constitution de l'approvisionnement des derniers navires entrés en service ou de ceux en achèvement ou en chantier; il est encore intéressant de donner ici quelques-unes de leurs caractéristiques.

Les obus en fonte ont une épaisseur qui varie du $\frac{1}{5}$ au $\frac{1}{6}$ du calibre, l'épaisseur de l'ogive est un peu plus forte. Il en est de même dans la région du culot. Cette disposition a pour but de faciliter la pose des ceintures.

Les projectiles qui devaient être réunis aux douilles recevaient un dépôt d'étain à l'arrière de la dernière ceinture. Les obus sont percés à l'ogive d'une lumière filetée permettant le vissage de fusées percutantes ou de systèmes de détonateurs. Le poids des projectiles en fonte chargés en guerre est en principe le même que celui de l'obus de rupture chargé et non coiffé.

Bien qu'inférieur à celui des obus de semi-rupture, le pouvoir perforant des obus en fonte chargés en poudre noire n'est cependant pas négligeable.

Animés d'une vitesse au choc de 800 mètres, ils perforent sous l'incidence de 18° une épaisseur d'acier spécial égal à $0^{cal}.55$ en produisant des effets en deçà et au-delà.

Dans les tirs contre l'"Iéna", un obus en fonte de 24 c/m lesté a perforé une plaque en acier spécial de 120 $^{m}/_{m}$ sur double platelage de 9 $^{m}/_{m}$; la vitesse au choc était de 690 mètres et l'incidence 18°.

A la vitesse au choc de 600 mètres et sous l'incidence de 50°, l'obus en fonte de 16 c/m brise une plaque en acier spécial de 54 $^{m}/_{m}$ sur double platelage en tôle de 10 $^{m}/_{m}$.

Dans les tirs effectués contre le "La Galissonnière", on a lancé les mêmes obus de 16 c/m contre:

1°) Une plaque de 55 $^{m}/_{m}$ d'acier spécial sur double platelage de 10 $^{m}/_{m}$.

2°) Une muraille composée de deux tôles d'acier de 12 $^{m}/_{m}$ 5 et une seconde muraille placée à $1^{m}20$ de la première et formée d'une plaque de 20 $^{m}/_{m}$ avec double platelage de 15 $^{m}/_{m}$, soit 50 $^{m}/_{m}$ en tout.

Ces diverses murailles ont été perforées à la vitesse au choc de 615 mètres sous une incidence de 12 à 15°. On avait cru que les obus en fonte chargés en poudre noire avaient un pouvoir incendiaire marqué; les tirs sur l'"Iéna" n'ont pas confirmé ces présomptions. Ils ont en outre montré l'insignifiance des effets de souffle engendrés par l'explosion de ces mêmes projectiles. Les effets de mitraille quoique bons, en raison de la grande fragmentation de l'enveloppe, sont très localisés et leur gerbe peu ouverte (50°).

Les obus en fonte chargés à la mélinite et amorcés par

l'ogive ne perforent que des obstacles légers; leur puissance de
défoncement est par contre en moyenne du même ordre que celles obtenues avec les mêmes projectiles chargés en poudre noire. Dans les
tirs contre l'"Iéna", il a été fait usage d'obus en fonte de 24 c/m
et de 30 c/m chargés en mélinite. Ces deux projectiles avaient les
caractéristiques suivantes:

	24 c/m	30 c/m
Longueur..........................	717 m/m (3 cal.)	915 m/m (3 cal.)
Épaisseur des parois.............	40 m/m	50 m/m
Poids moyen de l'obus chargé......	144^k	302^k
Poids de la charge de mélinite....	15^k	30^k
Valeur de $\dfrac{Pv}{a^3}$	10,5	10,6

Les résultats obtenus sont décrits ci-après:

<u>Obus de 24 c/m</u>. Un coup a été tiré contre une plaque épais-
se (236 m/m d'acier spécial sur matelas de 15 c/m et double platelage de 11 m/m). La vitesse au choc était de 690 mètres (vitesse restante à 4000 mètres) et l'incidence de 15°.

L'impact produit une cuvette de 50 c/m sur 45 c/m et ayant
7 c/m de profondeur, la plaque est en outre fendue jusqu'à son can
inférieur. Le platelage est légèrement bombé à l'intérieur et les
tôles horizontales voilées.

Contre la cuirasse de 120 m/m et sous l'incidence de 18°,
un obus animé de la même vitesse au choc de 690 mètres, perce la
plaque et la fend sans que l'effet s'étende au-delà du platelage.
L'effet observé est notablement inférieur à celui produit dans les
mêmes conditions par un obus simplement lesté. Sur la cuirasse de
90 m/m, le défoncement a été obtenu sous l'incidence de 50° et à la
vitesse au choc de 576 mètres (vitesse restante à 6000 mètres). Les

effets à l'intérieur sont encore très faibles et très localisés.

Il en est de même dans un tir contre cuirasse de 60 $^m/m$ en acier spécial, effectué avec la même vitesse au choc et sous l'incidence de 53°. Un obus lesté produisant sensiblement le même effet, on en conclut que les effets de destruction sont presque uniquement dus à la seule force vive du projectile.

Contre les tôleries, l'obus en fonte chargé en explosif agit par son souffle et par une gerbe d'éclats très nombreux et par conséquent très petits. L'intervalle d'éclatement obtenu (l'amorçage à l'ogive) n'a pas eté inférieur à 4 mètres, de telle sorte que l'obus attaquant une cheminée a éclaté au-delà.

<u>Obus de 30 c/m</u>. Un projectile tiré contre la partie mobile de la tourelle N (290 $^m/m$ d'acier cémenté) a produit un renfoncement de 7 à 12 c/m de la plaque atteinte avec un très léger ébranlement des plaques voisines. La face d'impact présente une cuvette de 30 c/m de diamètre et profonde de 3 c/m. Le platelage est enfoncé sans déchirure. L'action du projectile est donc une simple action d'ébranlement et de renfoncement.

Sur les cuirasses plus minces de 120 $^m/m$, l'obus tiré sous l'incidence de 30° avec une V de 574 mètres (vitesse restante à 6000 mètres) produit des effets de défoncement considérables. Son éclatement à 0^{m}85 du pont cuirassé ne produit qu'un embouti de 10 c/m de profondeur.

Son action contre les parties non protégées est considérable, grâce à sa forte charge de mélinite et malgré sa fragmentation extrême ses effets sur le matériel peuvent avoir de l'importance. Ainsi un obus éclatant sur le bordé (7 $^m/m$ + 7 $^m/m$) en deçà de la traverse N y produit une brèche de 2^{m}50 sur 2^{m}10, le pont supérieur est arraché et les tôleries et cornières du tube blindé sont tordues; au-dessous, le 2e et le 1er pont sont défoncés sur 6 à 8 mètres carrés et les barrots déchiquetés. Les pièces de 65 et de 47 ᵐ/ₘ voisines ont leurs volées mitraillées par les éclats, la pièce de 47 jetée en bas de son affût est hors de service.

Les effets de souffle se font surtout sentir dans le plan normal à la trajectoire au point d'éclatement et diminuent très vite si la distance à ce point s'accroît.

Des obus allongés de la Guerre ont été également tirés sur l'"Iéna", il est également intéressant de relater les résultats ainsi obtenus.

<u>Obus allongés de la Guerre</u> (calibre de 24 c/m).-

Ces obus ont pour caractéristique une enveloppe mince et une forte charge relative d'explosif.

Le tableau ci-dessous fait ressortir ces particularités:

Longueur.. 975 ᵐ/ₘ soit 4^{cal}1

Epaisseur minimum des parois de la chambre....... 20 ᵐ/ₘ

Poids total de l'obus chargé..................... 163^k

Valeur correspondante du rapport 11,8

Poids de la charge de mélinite................... 35^k

Rapport de ce dernier poids au poids total de l'obus 21,5 %

Ce projectile réalise le type de projectile dit à grande capacité. Voyons ses effets sur un cuirassé récent:

Dans les tirs contre l'"Iéna", 2 projectiles allongés de 24 c/m ont été tirés contre la tourelle N de 30 c/m. Le 1er contre la cuirasse mobile de 290 ᵐ/ₘ, le 2e contre la cuirasse fixe de 250 ᵐ/ₘ (acier cémenté). L'éclatement s'est produit au contact des plaques atteintes qui, dans les 2 cas, sont légèrement repoussées vers l'extérieur (de 2 c/m au maximum pour la première, 12 c/m pour l'autre). Il n'y a aucune avarie intéressant le fonctionnement de la tourelle. A l'un des coups, l'explosion de l'obus contre la plaque dans un espace clos produit un effet de souffle considérable, le parapluie en tôlerie est projeté en l'air, le bordé du brise-lames est défoncé ainsi que les deux ponts de 5 $^m/_m$ au-dessous de l'impact.

Trois coups ont été dirigés contre la cuirasse épaisse de ceinture. Deux sous l'incidence de 30° et à la vitesse au choc de 304 mètres (vitesse restante à 4000 mètres), un sous l'incidence de 45° et à la vitesse au choc de 278 mètres (vitesse restante à 6000 mètres).

Dans ce dernier cas, la plaque attaquée était en acier spécial et avait une épaisseur de 236 $^m/_m$ sur matelas de 150 $^m/_m$ et double platelage de 11 $^m/_m$. L'effet produit a été à peu près nul et l'on n'a observé à l'intérieur que quelques plissements des tôles horizontales à l'intérieur du compartiment de choc, par le travers duquel se trouvait le point d'impact.

Il en a été de même pour un des deux premiers coups tirés contre une plaque de 245 $^m/_m$ en acier cémenté appuyée sur un matelas en bois de 15 c/m et un double platelage de 11 $^m/_m$.

Quant au second de ces deux coups, il a donné lieu à un renfoncement sérieux de la plaque attaquée (215 $^m/_m$ acier spécial sur un matelas en bois de 15 c/m et double platelage de 11 $^m/_m$) et des deux plaques contiguës; de plus, il s'est produit un enfoncement du bordé des oeuvres vives d'environ 50 c/m donnant lieu à une voie d'eau importante. Bien que la coque ait déjà supporté le choc d'autres projectiles, la commission d'expériences a néanmoins pensé que l'impact précité avait contribué notablement à l'aggravation des avaries préexistantes.

Dans les tirs contre les cuirasses minces de 120, 90 et

80 $^m/_m$ d'acier spécial, les effets du projectile se réduisent à un ébranlement et à une déformation plus ou moins grande de la plaque atteinte. Ces effets augmentant avec l'incidence, paraissent plutôt attribuables à l'explosion de la charge qu'à la force vive du projectile.

Sous les fortes incidences, une partie notable de la charge semble ne pas détoner à en juger par les traces de mélinite observées.

Sous une faible incidence (10°), l'obus défonce une plaque de 60 $^m/_m$ d'acier spécial sans produire d'autre effet au-delà que la projection des morceaux de défonçure.

Contre les superstructures, l'explosion de l'obus produit des effets de souffle considérables; ses effets de mitraille se font sentir presque exclusivement dans le plan normal à la trajectoire au point d'éclatement.

La fragmentation est très grande et la fusée, plus sensible que celle des obus de la Marine, parait bien appropriée au tir contre les tôleries.

Conclusions générales.-

Les conclusions générales de la Commission d'expériences ont été ainsi résumées:

Il résulte de ce qui précède, que l'action de l'explosif seul est impuissante à détruire la protection donnée par les blindages épais. Cette action est obtenue d'une manière d'autant plus efficace que le projectile est plus résistant et que sa force vive au choc est plus grande.

D'autre part, les effets de destruction à l'intérieur du bâtiment croissent avec la charge explosive du projectile.

Relativement aux dangers d'inflammation des douilles ou des parcs à poudre, les tirs sur l'"Iéna" ont montré que toute douille trouée par un éclat, même sans accompagnement de la flamme d'explosion, s'était enflammée. Des chocs d'éclats sur une douille peuvent même produire ce résultat.

Des gargousses renfermées dans leurs caisses réglementaires ont également flambé lorsque ces caisses ont été percées par des éclats. Par contre les étoupilles de douilles enflammées peuvent ne pas brûler. On observe des effets analogues sur les gargousses en parc; lorsque les alvéoles des casiers sont étanches, l'inflammation peut se localiser dans la seule alvéole atteinte par un éclat.

Il convient à ces conclusions d'ajouter les suivantes, intéressantes au point de vue de la conduite du tir.

En ce qui concerne la visibilité des coups au but, ceux-ci peuvent se partager en deux catégories:

1°) Ceux qui atteignent les cuirassements épais éclatent extérieurement ou au passage et sont caractérisés par une lueur dont l'importance est en rapport avec la charge d'explosif que contient le projectile et l'éclairage du bâtiment atteint.

2°) Ceux qui atteignent les parties plus faiblement protégées ou les superstructures et dont l'éclatement n'est révélé que par l'apparition plus ou moins immédiate (parfois assez tardive) d'un nuage de fumée sortant par les ouvertures de la région intéressée ou s'élevant au-dessus des superstructures.

Dans l'un et l'autre cas, il semble que ces coups, bien visibles dans les tirs à grande distance sur l'"Iéna" pourront être difficilement observés au combat sur un bâtiment enveloppé de la fumée de ses machines et de la lueur de son propre tir.

Chapitre VI

Affûts — Réactions au tir.

§ I - DISPOSITIONS GÉNÉRALES DES AFFÛTS.

Affûts à châssis et affûts à berceau.

§ II - EFFORTS RÉSULTANT DU TIR.

Action du frein.

Comparaison des deux types d'affûts - Efforts supportés par les organes intérieurs.

§ III - ORGANES MODÉRATEURS DE RECUL ET DE RENTRÉE EN BATTERIE.

Freins - Récupérateurs - Tampons de choc.

§ I - DISPOSITIONS GÉNÉRALES DES AFFUTS.

L'affût est l'organe qui porte le canon et par l'intermédiaire duquel les réactions résultant du tir sont transmises à la charpente sur laquelle est établie la pièce.

L'affût doit permettre d'amener l'axe de la pièce dans une direction telle que la ligne de mire passe par le but, ce qui s'obtient par deux mouvements:

1°) Une rotation autour d'un axe vertical qui a pour but d'orienter convenablement le plan de tir, c'est le pointage latéral en direction;

2°) Une rotation de l'axe du canon dans le plan de tir, autour de l'axe des tourillons, normalement horizontaux et perpendiculaires au plan de tir, c'est le pointage en hauteur ou vertical.

Il y a avantage à réduire le plus possible les efforts de pointage et cela dans le but d'augmenter la rapidité du tir et de permettre la manoeuvre à bras; aussi s'attache-t-on à équilibrer, autant que possible, sur leurs axes de rotation, les masses mobiles; par exemple: le centre de gravité du canon (ou canon-berceau) doit être sur l'axe des tourillons; le centre de gravité de l'ensemble participant au pointage en direction doit se trouver sur l'axe du pivot; ce n'est que lorsque cette dernière condition a été réalisée pour les tourelles qu'il a été possible d'établir la manoeuvre électrique et la manoeuvre à bras du pointage en direction.

Affût sans recul.-

Fig. 61

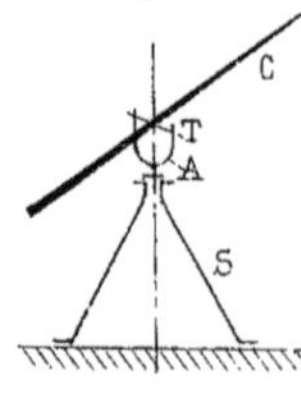

La combinaison la plus simple pour réaliser les deux mouvements de pointage du canon est celle que représente la figure 61; l'affût, réduit à sa plus simple expression, consiste en une fourche A supportant les tourillons du canon et s'emboîtant, par un pivot vertical, dans une douille emmanchée dans le support fixe S. C'est, en principe, l'affût dit à crinoline employé pour les petites pièces à tir rapide..

Avec un pareil affût, c'est la travail de la déformation élastique du support fixe qui doit absorber la force vive communiquée par les gaz de la charge au départ du coup.

La pression des gaz sur la culasse tend à imprimer à l'ensemble un mouvement vers l'arrière; supposons le tir horizontal et

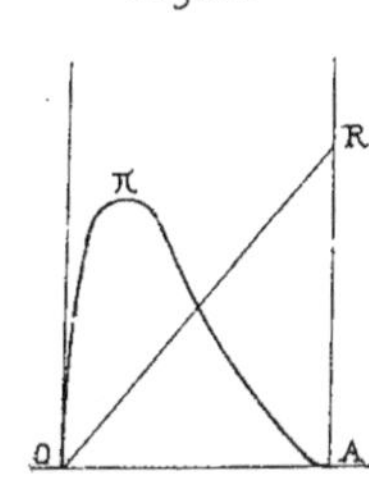

Fig.62

soit O A l'étendue de la flexion du support (fig.62); soit O π A la courbe représentative des pressions sur la culasse en fonction des flexions; supposons enfin que la réaction horizontale du support soit à chaque instant proportionnelle à la flèche prise, la loi de variation de cet effort serait représenté par la droite O R; à la fin de la déformation, le mouvement éteint, on doit avoir aire O π A = aire O R A; on voit grosso-modo que l'effort R sera plutôt supérieur à l'effort maximum supporté par la culasse.

Or, cette pression maximum sur la culasse, qui atteindrait déjà plus de 20 tonnes pour le canon de 37 $^{m/m}$ en supposant la pression de 2000^k seulement par c/m^2 , serait pour les pressions d'emploi actuelles et les gros calibres (30 et 34 c/m) environ 100 fois plus forte, de l'ordre de 2000 tonnes.

Il est donc indispensable, pour que les appuis fixes puissent supporter les efforts du tir, d'interposer quelque part, entre le pivot et le canon, un organe permettant à la pièce de reculer, tout en opposant à ce mouvement une résistance qui en limite l'étendue. Les efforts transmis aux points fixes sont ainsi considérablement diminués; l'organe interposé porte le nom de frein.

<u>Affûts à châssis.-</u>

Pour les pièces non en tourelles, la plate-forme porte u
sellette, cette sellette présente une circulaire centrée sur le pi
vot et sur laquelle repose le châssis par l'intermédiaire de galet
coniques; l'affût peut être à pivot A/ et circulaire R, ou à pivo
central, avec circulaire complète, ou enfin à pivot central et cir
culaire R.

Nous n'insisterons pas sur les avantages ou inconvénient
de ces différents types d'affûts, l'affût à châssis étant désormai
abandonné en principe.

Nous représentons schématiquement ci-dessous un affût à
pivot central (fig.63)

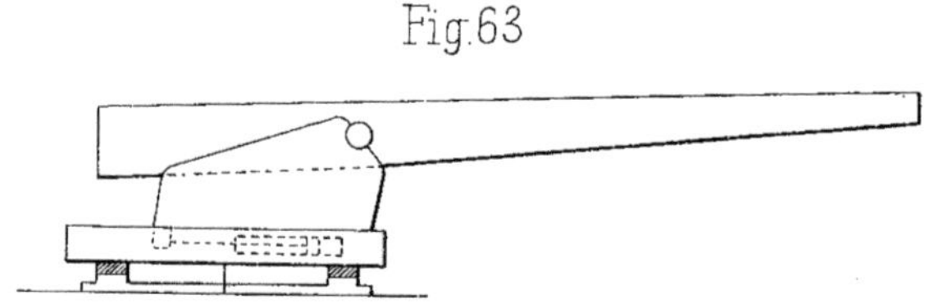

Fig.63

Sur le châssis glisse au recul l'affût proprement dit
portant la pièce; entre l'affût et le châssis est interposé le
frein.

On voit que dans cette disposition le recul de la masse
affût-pièce se fait dans une direction fixe, quel que soit l'angle
de tir.

<u>Affût à berceau.-</u>

La disposition qu'on rencontre le plus fréquemment pour
les affûts non en tourelle est la suivante (fig. 64).

Figure.....

Fig. 64

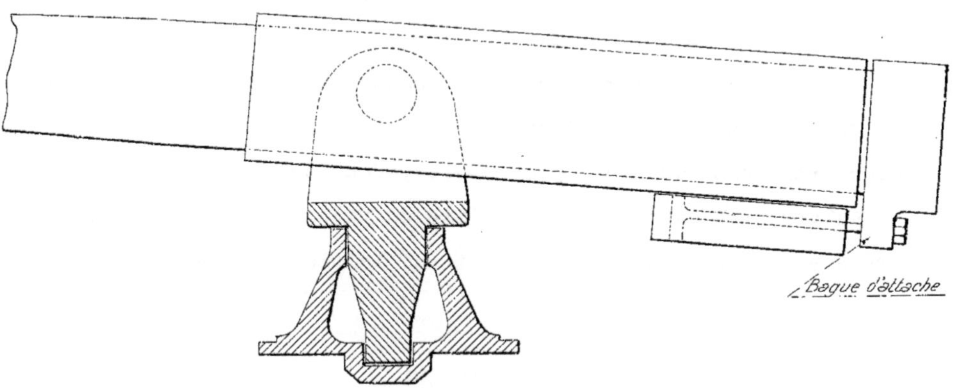

La sellette a la forme d'un tronc de cône épanoui à sa base. Ce tronc de cône présente à l'intérieur une crapaudine dans laquelle repose l'extrémité inférieure du support de berceau.

Le support de berceau reçoit les tourillons du berceau.

Le canon recule en glissant dans le berceau; les cylindres de frein sont fixés au berceau.

La pièce porte à la partie R la bague d'attache des tiges de piston de frein.

Ici le recul s'effectue dans une direction variable suivant l'angle de tir.

§ II . . . .

§ II - EFFORTS RÉSULTANT DU TIR.
ACTION DU FREIN.

Pour étudier dans ce qui suit les réactions des supports et des appuis, tout étant symétrique par rapport au plan de tir, nous prendrons, une fois pour toutes, dans ce plan, deux axes rectangulaires, L'un o z suivant l'axe du pivot censé vertical, l'autre o y mené à hauteur de l'appui sur la plate-forme (fig.65).

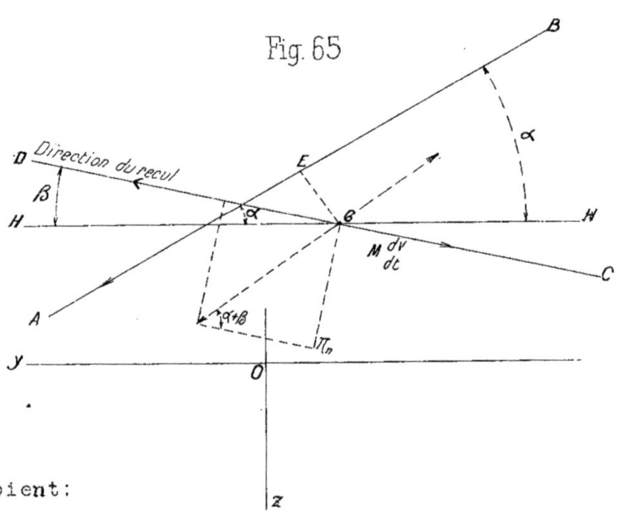

Soient:

A B l'axe du canon,

α l'angle de tir,

C D la direction du recul,

β l'angle qu'elle fait avec l'horizontale, compté positivement au-dessus vers l'A,

M la masse qui recule, G son centre de gravité,

Π la pression totale exercée par les gaz suivant l'axe A B du canon,

R la résistance totale opposée au recul parallèlement à sa direction et en sens contraire,

v la vitesse du recul à un instant donné.

Si l'on considère l'ensemble constitué par le canon et son support complet jusqu'à la charpente fixe, il y a, à chaque instant, équilibre entre les forces extérieures, les forces d'inertie résultant du recul et les réactions d'appui. Quant aux forces intérieures au système qui agissent pour modérer le mouvement de recul, elles n'ont pas à intervenir directement dans le calcul des réactions de la charpente fixe et disparaitraient des équations d'équilibre; dans la question qui nous occupe, on n'a donc pas à s'occuper de la ligne d'action de ces forces (de la position du frein, de la position des directrices du recul, etc...); elle n'intervient que lorsqu'on s'occupe des fatigues supportées par les organes intermédiaires.

L'équation du mouvement de la masse qui recule est:

$$M \frac{dv}{dt} = \Pi \cos(\alpha + \beta) - R \qquad (1)$$

Le premier terme du second membre disparait après la chute de la pression.

Les forces extérieures et les forces d'inertie agissant sur l'ensemble comprennent, à chaque instant, en sus du poids total que nous laissons pour le moment de côté:

$$\begin{cases} \text{la force } \Pi \text{ suivant A B} \\ \text{la force d'inertie ....} M \dfrac{dv}{dt} \text{ en G suivant D C.} \end{cases}$$

Ou, ce qui revient au même, en supposant appliquées en G 2 forces égales et parallèles à Π:

$$\begin{cases} \text{le couple } \Pi \times \text{G E,} \\ \text{et en G} \begin{cases} \text{la force } \Pi \text{ donnant} \begin{cases} \text{normalement à la direction du recul} \\ \Pi_n = \Pi \text{ sinus } (\alpha + \beta) \\ \text{dans le sens du recul: } \Pi \cos(\alpha + \beta) \end{cases} \\ \text{la force d'inertie suivant D C............: } M \dfrac{dv}{dt} \end{cases} \end{cases}$$

Ou bien enfin, d'après l'équation (1):

$$\begin{cases} \text{un couple de renversement } \Pi \times G\,E \\ \text{et, en G,} \begin{cases} \text{normalement à la direction du recul: } \Pi_n = \Pi \sin (\alpha + \beta) \\ \text{dans le sens du recul: R.} \end{cases} \end{cases}$$

Le fait de permettre le recul revient donc à substituer à la force $\Pi \cos (\alpha + \beta)$ appliquée en G une force égale à la résistance totale R opposée au recul. On diminue ainsi d'une manière importante la composante horizontale des réactions d'appui et leur moment par rapport à l'origine O. Cette réduction sera d'autant plus grande que la force R dirigée suivant G D, de direction et de position donnée, sera moindre; nous n'avons fait aucune hypothèse sur sa loi de variation du commencement à la fin, mais nous voyons qu' faut que son maximum soit aussi faible que possible; donc pour une longueur de recul imposée, il y aura intérêt à la rendre constante.

Affût à châssis.-

Avec l'affût à châssis la composante Π_n perpendiculaire à la direction du recul produira une percussion sur la plateforme, percussion d'autant plus grande que l'angle de tir α et l'inclinaison β sont plus forts.

D'autre part, il y aura production d'un couple tendant à faire tourner l'affût autour de son arête arrière.

Affût à berceau.-

Avec un affût à berceau, le canon reculant toujours suivant son axe, $\alpha + \beta = 0$.

Les forces résultant du tir se réduiront à la force R parallèle à l'axe du canon en G

plus le couple $\Pi \times G\,E$.

En appliquant aux forces en jeu les équations de statique

les équations d'équilibre seraient, en appelant P le poids total de la masse reposant sur la plateforme:

$$H = R \cos \alpha$$

$$V = R \sin \alpha + P$$

$$R \times O\,C + (\pi \times G\,E) - P\,a = M$$

Sur les types récents où l'on s'attache à placer le centre de gravité de la masse oscillante sur l'axe des tourillons et celui-ci sur l'axe du canon, le centre de gravité de la masse qui recule s'y trouve aussi plus ou moins rigoureusement; si cette condition est remplie le terme entre parenthèse disparait dans la 3e équation et il n'intervient plus que des termes dépendant de R (fig. 66).

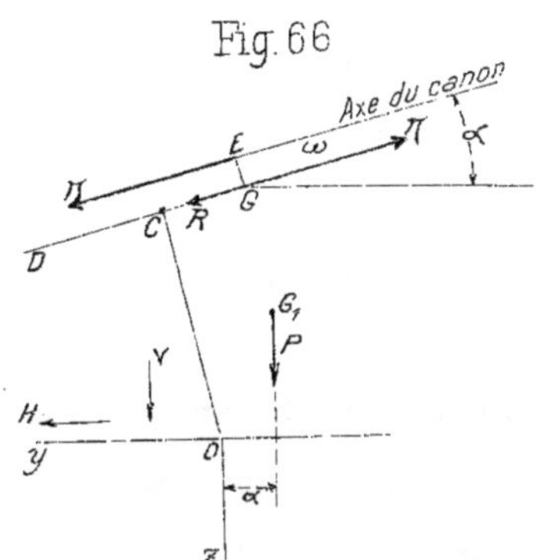

Les actions verticales sur la plateforme sont réduites d'une façon considérable.

<u>Comparaison des affûts à châssis et à berceau.-</u>

a) Les réactions verticales sont beaucoup plus faibles avec l'affût à berceau qu'avec l'affût à châssis. Cette question présente un gros intérêt pour l'installation des pièces à bord.

En particulier, pour les pièces placées en tourelles, l'affût à berceau permet seul l'emploi du fût pivot.

b) Dimensions des sabords. L'affût à châssis nécessitant, en raison des réactions plus fortes, une base d'appui plus grande oblige à éloigner davantage de la muraille l'axe du pivot, et, pour une même amplitude des champs de tir vertical et horizontal, à augmenter l'ouverture du sabord dans les deux sens.

D'autre part, à distance égale des tourillons à la muraille, pour obtenir la même limite de pointage vertical, l'affût
à châssis exige une hauteur plus grande

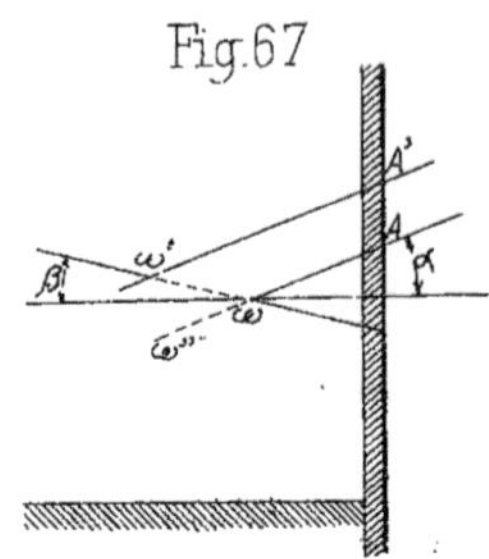

La figure 67 montre que le ca-
non pointé suivant ωA, reculera parallèlement à lui-même dans la direction $\omega\omega$
et viendra en ω'A; avec l'affût à berceau
le point ω du canon reculerait de ω en ω
l'axe du canon ne bougerait pas et la
hauteur du sabord pourrait être diminuée de A A'.

Pour une muraille cuirassée, l'augmentation des dimensions
du sabord a le double inconvénient de diminuer la protection fixe
et de rendre plus lourd le masque mobile porté par le canon.

c) Appareils de visée. En outre l'affût à berceau se prête naturellement à l'installation d'une ligne de visée indépendante du
recul, puisqu'il suffit de fixer cet appareil de visée sur le berceau, ce qui facilite le pointage et permet le pointage continu.

Sur les affûts à châssis, on a réussi à établir une disposition conduisant au même résultat, mais au prix d'une complica-
tion qui nuit à la précision.

En raison de ces avantages considérables, et malgré quel
ques inconvénients d'ailleurs d'ordre secondaire, l'affût à berceau
est désormais seul employé.

Efforts supportés par les organes intérieurs.

Les calculs exposés précédemment n'ont trait qu'aux efforts supportés par la charpente fixe.

Nous allons examiner brièvement, pour l'affût à berceau,
quels sont les efforts résultant du tir sur l'appareil de pointage
vertical; l'ensemble pièce-berceau est relié au reste, d'un côté,

par les tourillons, de l'autre côté, par l'appareil de pointage vertical; voyons quels sont les efforts supportés par celui-ci.

Avec l'affût à berceau, dans les conditions actuellement réalisées, le centre de gravité de la masse oscillante est sur l'axe des tourillons et celui-ci sur l'axe du canon; donc les forces agissantes au moment du tir sur la partie qui recule se réduiront à la force R (résistance totale opposée au recul parallèlement à sa direction).

Dans ce cas encore on n'a pas à s'occuper de la position de la ligne d'action des forces qui agissent pour modérer le recul et qui sont des forces intérieures au système.

La réaction de l'appareil de pointage ne devra faire équilibre qu'au couple additionnel résultant du déplacement de la masse qui recule. Dans l'hypothèse, admise jusqu'ici, de solides indéformables, l'effort envisagé serait faible; mais, en réalité, la plateforme fléchit d'une façon notable. Dans ce fléchissement, le support de berceau entraine par les tourillons l'ensemble canon-berceau; si l'appareil de pointage n'était pas lié au berceau, cet ensemble prendrait dans l'entraînement un mouvement de translation; mais l'appareil de pointage force la masse canon-berceau à tourner autour des tourillons.

Il en résulte des efforts bien supérieurs à ceux résultant du simple recul de la pièce , dans l'hypothèse de la non déformabilité, efforts qu'il n'est pas possible de calculer à l'avance et qui ne peuvent être évalués, pour un matériel nouveau, que par comparaison avec un matériel existant.

Comme la plateforme prend un mouvement d'oscillation autour de sa position normale, les réactions sur l'appareil de pointage, s'exercent dans les deux sens avec des valeurs assez peu différentes.

Nous signalerons, à cette occasion, l'intérêt qui s'att‌che à l'établissement de plateformes peu flexibles; les tourelles à fût pivot ne semblent pas sans inconvénients à ce point de vue.

§ III . . . .

§ III - ORGANES MODÉRATEURS DE RECUL ET DE RENTRÉE EN BATTERIE.

<u>Freins</u> - Actuellement tous les freins sont hydrauliques; la disposition la plus simple et qui a été employée à l'origine sur certains affûts, consiste en un cylindre fermé à ses deux bouts par un fond et un couvercle dans lequel peut se mouvoir un piston muni d'une contre-tige de même diamètre que la tige;les deux côtés du piston

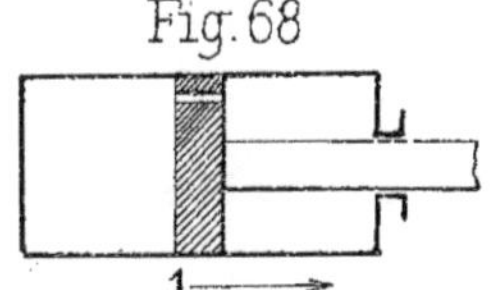

sont complètement remplis de liquide (glycérine ou eau additionnée de glycérine pour prévenir la congélation) (fig.69); des orifices ménagés dans le piston permettent au liquide de passer d'un côté à l'autre quand le piston se déplace relativement au cylindre; la somme des volumes A et B est constante et le cylindre reste plein.

L'axe est réglé parallèlement à la direction du recul; une des deux pièces, cylindre ou tige, est fixée à la partie qui recule, l'autre à la partie qui ne recule pas; on n'a à s'occuper que du mouvement relatif du piston par rapport au cylindre. Pendant le recul, le liquide du frein violemment comprimé s'écoule avec une grande vitesse par les orifices.

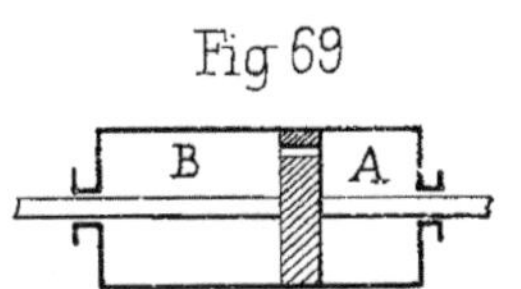

Actuellement, on emploie des pistons sans contre-tige sortant par le fond (fig.68); il en résulte que pendant le déplacement du piston dans le sens de la flèche 1, le côté opposé ne se remplit pas complètement.

Le cylindre est muni intérieurement d'un nombre impair de rainures (en général 3) disposées suivant des génératrices; on pratique un nombre impair de rainures, pour éviter de l'affaiblir

Artillerie (7e Cahier)

suivant deux génératrices opposées; en face de chaque rainure le
piston présente une encoche. Les rainures ont une largeur constan[te]
mais leur profondeur va en diminuant dans le sens du recul.

Cette profondeur est réglée de façon que la résistance
au recul soit constante pendant la durée du recul, ce qui réduit
au minimum les actions du tir sur l'affût.

Voici comment se déterminent les freins.

1°) Pendant l'action des gaz sur le canon, on laisse les orifices largement ouverts, de façon à éviter une action trop forte
sur l'affût et à réduire autant que possible le relèvement dû à la
flexion de la plateforme.

Soient p_1 le poids des parties soumises au recul,

p le poids du projectile,

ϖ le poids de la charge,

λ le parcours du projectile dans l'âme,

ℓ la longueur de recul à un instant quelconque,

L la longueur totale de recul.

On obtiendra la longueur de recul ℓ_1 correspondant à la
sortie du projectile de la pièce par la relation déduite de l'hypothèse de Piobert

$$p_1 \ell_1 = p \lambda + \frac{\varpi}{2} \lambda$$

d'où:

$$\ell_1 = \frac{p + \frac{\varpi}{2}}{p_1} \lambda$$

2°) Après le départ du projectile. Le canon recule de la longueur restante $L - \ell_1$; soit V_m la vitesse de recul du canon après
le parcours ℓ_1 (c'est à peu près la vitesse maximum obtenue en recul libre); la force vive correspondant à cette vitesse V_m doit
être détruite par le travail résistant du frein sur la longueur
$L - \ell_1$.

Soit r la pression par unité de surface supposée constante ($< 3^{kgs}$ par m/m^2) du liquide du frein pendant le recul, S la surface d'action de cette pression, l'on devra avoir la relation:

$$\frac{1}{2} \frac{\pi_1}{g} V_m^2 = r\,S\,(L - \ell_1)$$

Pratiquement ℓ_1 peut être négligé devant L et l'on aura:

$$r\,S = \frac{1}{2} \frac{\pi_1 V_m^2}{g\,L}$$

relation qui donne par exemple la surface S à adopter en fonction de la longueur de recul L.

Calculons maintenant la section à donner aux orifices pour obtenir une résistance r constante.

Soit pour le recul ℓ, v la vitesse de recul du canon, σ la section totale des orifices ménagés au liquide, u la vitesse d'écoulement de ce dernier.

En admettant l'incompressibilité du liquide, on peut écrire:
$$u\,\sigma = v\,S$$

La force vive à un instant quelconque du recul doit être détruite par le travail résistant du frein suivant la longueur de recul $L - \ell$; nous aurons donc:

$$\frac{1}{2} \frac{\pi_1}{g} v^2 = r\,S\,(L - \ell)$$

Appliquons le théorème de Bernouilli[1] modifié par l'introduction d'un coefficient de contraction pour la veine liquide.

----

(1) Le théorème de Bernouilli s'énonce ainsi:
"La vitesse u d'écoulement d'un liquide par un orifice de sec-
"tion très faible percé dans une paroi plane très mince horizontale
"ou verticale est égale à celle d'un corps tombant dans le vide
"d'une hauteur h égale à celle qu'atteint le liquide au-dessus de
"l'orifice

$$u = \sqrt{2\,g\,h}\left(= \sqrt{2\,g\frac{r}{\delta}}\ \text{dans le cas du frein}\right)$$

"Quand l'orifice atteint une certaine importance, on doit in-
"troduire un coefficient de contraction w, de sorte que l'on a:

$$u = w \sqrt{2\,g\frac{r'}{\delta}}$$

La relation que permet d'écrire ce théorème , entre la vitesse d'écoulement du liquide, la pression r et la densité δ d liquide est la suivante:

$$u = \omega \sqrt{2g\,\frac{r}{\delta}}$$

g, accélération de la pesanteur,

ω, coefficient de contraction voisin de 0,70.

Éliminant u et v entre cette relation et les deux précé dentes, on obtient pour la valeur de σ en fonction de ℓ :

$$\sigma = \frac{1}{\omega}\sqrt{\frac{\delta\,S^3}{\mu_1}}\sqrt{L-\ell}$$

d'où la profondeur de la rainure, la largeur étant constante.

<u>Récupérateurs</u>.-

Les récupérateurs employés généralement dans la Marine sont soit à ressorts en hélice, soit à air.

Un récupérateur à ressorts pour affûts de moyen et de gros calibres est composé d'un certain nombre de colonnes de res sorts d'acier (2,3 ou 4) que des tiges d'acier attelées au canon compriment pendant le recul.

Chaque colonne de ressorts est, en général, composé d'u certain nombre d'éléments (4,5 ou 6) comprenant chacun 1 ou 2 res sorts concentriquement placés compris entre deux coupelles de cen trage d.

Afin d'en faciliter la fabrication, la hauteur libre de chaque ressort est inférieure à 60 centimètres.

Les coupelles extrêmes servent,l'une <u>a</u> à transmettre la

Fig. 70

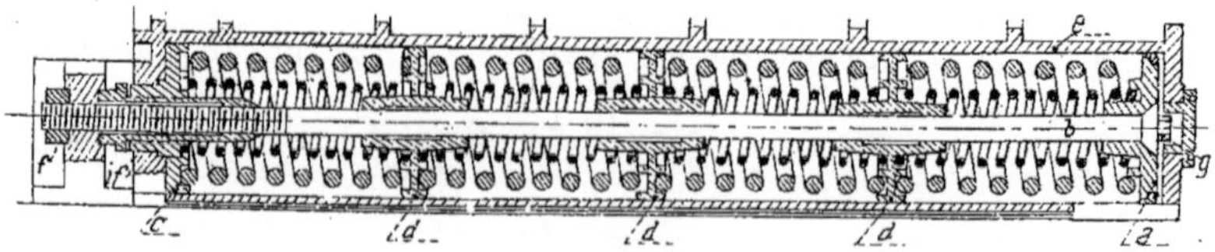

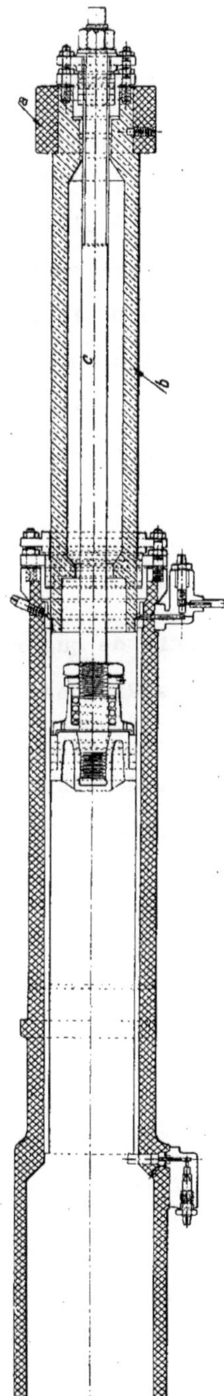

traction de la tige b, l'autre c à l'arrière à appuyer la colonne de ressorts
sur le berceau.

La tige b est attelée au canon
au moyen de deux écrous f, f' qui enser-
rent la bague d'attache (fig. 70).

Les pièces de 30 c/m des 23500
tonneaux et les pièces de 34 c/m des modèles postérieurs sont munies de récupérateurs à air (fig. 71).

Ce système de récupérateurs comporte un réservoir en acier, muni d'une
chemise en bronze et fixé au-dessous du
berceau. Un plongeur b pénètre dans le réservoir par l'avant et est refoulé dans
ce dernier au recul par des tiges de compression attelées, à l'arrière, à la bague
d'attache et, à l'avant, à une traverse a
fixée au plongeur. Ce plongeur comprend
deux parties, un piston c et un corps cylindrique entre lesquels un mélange de
glycérine et d'eau est comprimé (105^k par
c/m^2) au moyen d'une pompe spéciale de façon à constituer un joint glissant. C'est
par l'intermédiaire de ce liquide que s'effectue la compression de l'air.

La tension de l'air, initialement
de 100^k environ par c/m^2, atteint 150^k à
la fin du recul.

<u>Tampons de choc</u> - Pour modérer le mouvement de rentrée en batterie, on utilise des tampons de choc (fig.72).

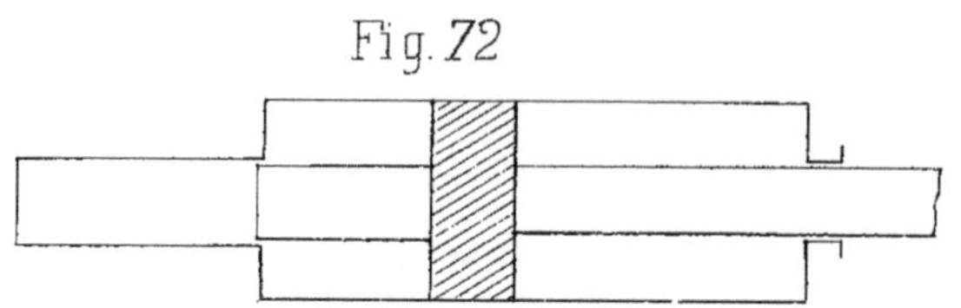
Fig. 72

La disposition la plus employée à cet effet est en principe la suivante: la tige du piston se prolonge sur l'autre face de la tête du piston; ce prolongement légèrement tronconique pénètre à la rentrée en batterie dans un logement ménagé dans le fond du cylindre.

Le nombre des cylindres de freins et de récupérateurs varie avec le calibre.

Les pièces de 24 et de 30 c/m sont munis de quatre freins et de quatre récupérateurs disposés comme l'indique la figure 73; pour les calibres inférieurs, on se contente de disposer un frein et deux récupérateurs sous la pièce.

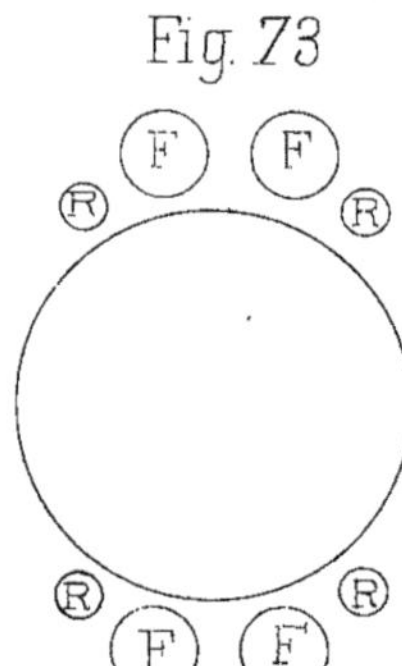
Fig. 73

CHAPITRE VII ....

Chapitre VII

Installation de l'Artillerie à bord.

§ I - CONDITIONS GÉNÉRALES D'INSTALLATION.

§ II - GROSSE ARTILLERIE - HISTORIQUE SOMMAIRE.
Tourelles à position de chargement unique (Duperré).
Chargement dans une orientation quelconque "Brennus"
"Bouvet".
Tourelles multiples: à deux, trois, quatre canons.

§ III - INSTALLATION DANS LES TOURELLES RÉCENTES.
Tourelles à 2 canons de 30 c/m M^{le} 93-96 M ("Patrie").
Tourelles à 2 canons de 30 c/m M^{le} 1906 ("Danton").
Tourelles barbettes et tournantes de 16,19 et 24 c/m.
Tourelles barbettes de 30 c/m ("Jean Bart").
Tourelles à 4 canons ("Normandie").

§ IV - AFFUTS A BERCEAU POUR ABRI BLINDÉ.

§ V - MATÉRIEL DE PETIT CALIBRE.

§ I – CONDITIONS GÉNÉRALES D'INSTALLATION A BORD.
TOURELLES ET ABRIS BLINDÉS.

La grosse artillerie est installée en tourelle.

L'artillerie moyenne était autrefois disposée en plein air, protégée simplement par un masque comprenant deux parties, une partie fixe entourant la sellette et protégeant le chemin de roulement, (partie fixée au pont par une cornière) puis une partie mobile formant bouclier et munie d'ailes latérales réunies par une toiture.

Actuellement les pièces d'artillerie moyenne sont installées en tourelle ou en abri blindé; dans ce dernier cas l'affût porte un masque mobile fermant l'embrasure.

Nous rappellerons que les tourelles se divisent en deux catégories principales suivant leur mode de construction.

1°) Tourelles à fût-pivot

2°) Tourelles sans fût-pivot (barbettes et tournantes).

Dans les premières, la plateforme qui porte la chambre de tir est supportée par un pivot vertical qui prend appui dans les fonds du bâtiment; l'assise ne sert qu'au guidage de la tourelle, au moins pendant le fonctionnement de la tourelle. Le cuirassement fixe s'arrête au-dessous de la plateforme de la tourelle; une muraille blindée mobile avec la tourelle s'étend au-dessus du plancher de la chambre de tir et protège toute la structure de cette plateforme.

Dans les secondes, l'assise sert à la fois pour guider et pour soutenir la partie tournante de la tourelle; les tourelles de ce type présentent deux variétés:

a) les tourelles barbettes,

b) les tourelles tournantes.

Dans les tourelles barbettes un cuirassement fixe enveloppe et protège la partie mobile jusqu'à la hauteur du canon.

Dans les tourelles tournantes la protection est conçue dans les mêmes conditions que pour les tourelles à fût-pivot; le blindage mobile protège la plateforme. Mais cette fois, le chemin de roulement est établi sous cette plateforme et non à la base du fût pivot.

Dans ce qui suit, nous n'étudierons, en principe, que la partie ressortissant au service de l'artillerie, c'est-à-dire la chambre de tir et la chambre-relais.

§ II . . . .

§ II - GROSSE ARTILLERIE.

Historique sommaire.

Tourelles-barbettes avec position de chargement unique ("Duperré")

Le premier type dont nous partirons est celui des tourel
les barbettes du "Duperré" pour canons de 34 c/m (fig. 74, A.B.C.D.

Une plateforme circulaire en tôlerie qui sert de base à
toute la partie tournante, repose, par l'intermédiaire d'une couronne de galets de grand diamètre (5^m50) sur un chemin de roulement
établi sur le pont des gaillards; un manchon cylindrique encastré
dans la charpente du pont constitue le pivot-guide.

A l'extrémité d'un diamètre de la plateforme une large
ouverture à peu près circulaire est ménagée dans le pont pour l'arrivée des munitions. Le parapet cuirassé enveloppe cet ensemble et
sa section horizontale affecte pour cela une forme oblongue. Un tube cuirassé protégeant le passage du monte-charges, des manoeuvres,
etc... s'étend depuis le pont blindé jusqu'au plancher de la tourelle. Une carapace de faible épaisseur est portée par la plategor-
me mobile.

Toutes les manoeuvres (pointage vertical, pointage en direction, ascension du monte-charges, etc....) sont effectuées hydrauliquement.

L'affût est à châssis; il roule sur deux côtés de châssis inclinés faisant corps avec la plate-forme tournante.

La charge est montée par un ascenseur guidé, dans le
puits protégé, par des directrices rectilignes; c'est une caisse
contenant trois cases superposées, celle du haut pour le projectile

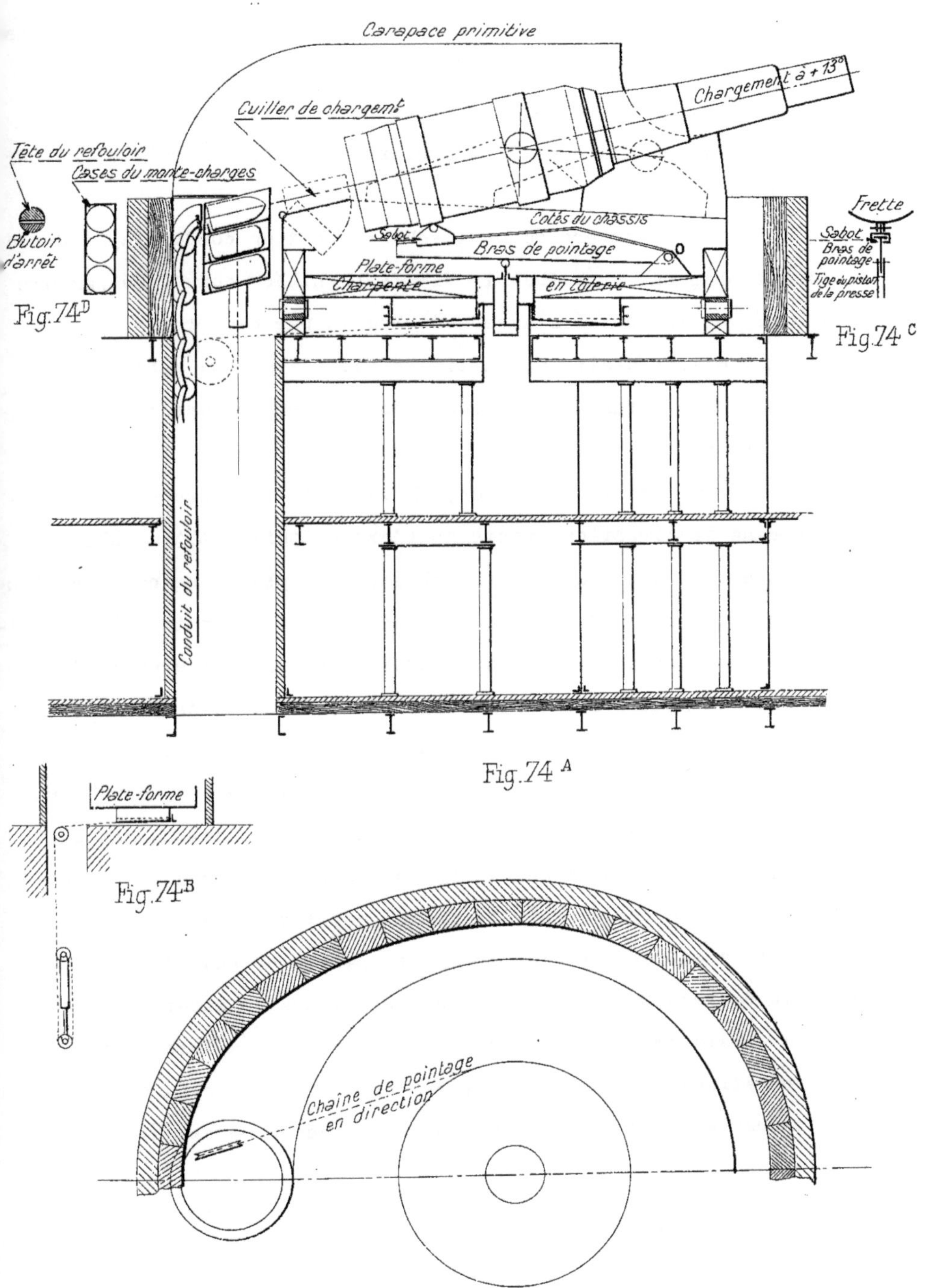
Carapace primitive
Cuiller de chargem.t
Chargement à + 13°
Tête du refouloir
Cases du monte-charges
Côtés du chassis
Butoir d'arrêt
Frette
Sabot
Bras de pointage
Plate-forme
Sabot
Bras de pointage
Charpente
en tôlerie
Tige du piston de la presse
Fig. 74 D
Fig. 74 C
Conduit du refouloir
Fig. 74 A
Plate-forme
Fig. 74 B
Chaîne de pointage
en direction

les deux autres pour les demi-gargousses; les cases sont inclinées
pour que leur contenu ne s'y déplace pas pendant l'ascension, par
suite de mouvements du navire; elles sont ouvertes par les deux
bouts et portent seulement à l'arrière un butoir d'arrêt d'une cer
taine hauteur.

Sur l'arrière du monte-charges est un conduit cylindriqu
dans lequel passe le refouloir dit "à chenille" constitué par une
série de galets dont les axes sont réunis par des biellettes; un
plateau semi-circulaire est articulé sur l'avant du galet supérieu
la chaîne d'un palan hydraulique vient, après retours convenables,
s'attacher sur la queue du refouloir.

Pour charger la pièce, il faut d'abord ramener la plateforme dans la direction exacte de l'axe du puits et, la culasse
ayant été ouverte, abaisser la culasse pour placer le canon à l'inclinaison des cases des monte-charges (cette inclinaison à la position de chargement était très grande dans les premières installations et atteignait 13° sur le "Duperré"); dans cette position, un
manchon cylindrique, destiné à remplir le vide subsistant entre la
culasse et le monte-charges ayant été automatiquement amené à sa
position pour la manoeuvre, on fait monter le monte-charges qui
s'arrête successivement aux trois hauteurs pour lesquelles chacune
de ses cases se trouve dans le prolongement de l'axe du canon, et
chaque fois on refoule à son poste la partie de charge par la manoeuvre du refouloir. Une série de mécanismes de sécurité très in-
génieux, mais très compliqués, est combinée de manière à ce que
les opérations se fassent forcément dans l'ordre voulu et que le
monte-charges s'arrête automatiquement à ses diverses stations.

<u>Chargement dans une orientation quelconque.-</u>
L'obligation de ramener la plateforme à une position

déterminée et unique pour opérer le chargement était un grave inconvénient, car il en résultait un grand intervalle entre deux coups consécutifs (10 minutes environ).

Le premier grand progrès a consisté à rendre le chargement possible dans toute orientation.

Il fallait pour cela, amener les charges dans l'axe de la plateforme tournante et les y amener toujours orientées suivant le plan contenant l'axe du canon; la solution imaginée à cet effet, par les Forges et Chantiers de la Méditerranée a été le point de départ des installations suivantes. Son trait caractéristique est que le tube-pivot fixé à la plateforme descend jusque dans la cale et que le monte-charges est toujours orienté dans ce tube parallèlement au plan de tir. Une ouverture (fig.75) est ménagée au bas du tube pour faire passer les charges dans l'ascenseur

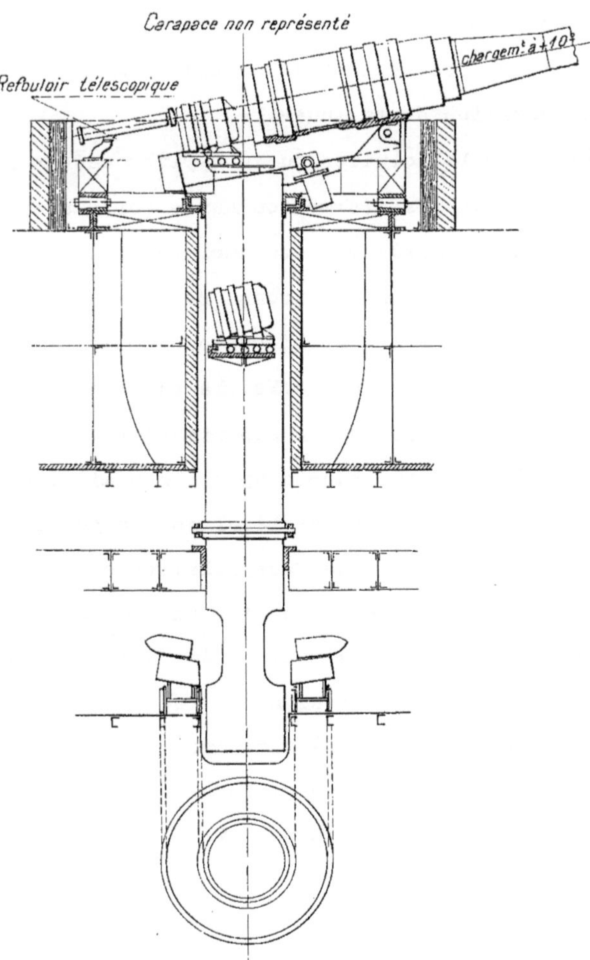

rendu à bas de course, en amenant en face de ses cases un porte-
charges qui présente à son tour des cases semblablement disposées.
Le porte-charges est disposé sur un wagonnet circulant sur des rail
concentriques à la tourelle.

En même temps, on a augmenté dans ces tourelles l'épaisseur de la carapace tournante de façon à améliorer la protection
contre les coups arrivant au-dessus du parapet; mais la protection
par en-dessous était toujours aussi précaire; les désordres que
tous les projectiles pouvaient produire dans les supports établis
dans les entreponts au-dessous de ces tourelles, ceux qui pouvaient
résulter de l'explosion d'un obus au-dessous de la plateforme, ris-
quaient de mettre la pièce hors de combat ou tout au moins de para-
lyser le mouvement de rotation de la tourelle.

Aussi adopta-t-on la solution du tube-pivot descendant
au-dessous du pont blindé; la plateforme tournante porte alors tout
le blindage protégeant canon, affût et personnel et cette plateforme est supportée, non plus par une couronne de galets établie
sur le pont supérieur et vulnérable par en-dessous, mais par le
fût-pivot reposant sur un support convenable; la substitution de
l'affût à berceau à l'affût à châssis, en supprimant la percussion
verticale qui nécessitait une large base d'appui, rendait possible
cette disposition qui concentre la charge résultant du poids et
des efforts verticaux du tir sur une surface relativement peu étendu

La description des différentes sortes de tourelles à fût-
pivot est donnée dans le cours de construction du navire; nous n'y
reviendrons pas; nous nous bornerons à signaler les points suivants.

Dans les premières tourelles à fût-pivot ("Brennus") l'arrivée des munitions s'effectue encore derrière la pièce, le chargement est opéré mécaniquement au pointage positif.

L'arrivée du monte-charges derrière la pièce n'est pas sans gêner le service; de plus elle oblige à réserver derrière la culasse une place assez considérable, d'où augmentation des dimensions et du poids de la tourelle.

En outre, le refoulement mécanique a l'inconvénient que si le projectile est coincé, le refouloir continue à forcer et que l'action brutale de cet organe sur les gargousses peut écraser la charge. Enfin, on cherchait, à cette époque, à éviter l'emploi des engins mécaniques dans les manoeuvres pour lesquelles il n'est pas absolument indispensable.

Aussi les tourelles postérieures au "Brennus" ("Bouvet") présentent les dispositions suivantes. Le monte-charges, toujours hissé dans le fût-pivot, aboutit dans la tourelle sur le côté du canon. Les munitions qu'il amène sont portées soit directement à la pièce, soit à un parc établi dans la tourelle; le transport des gargousses se fait à la main, celui des projectiles du monte-charges à la pièce et au parc, ou du parc à la pièce se fait au moyen de chariots roulants, la pièce est chargée avec un refouloir à main sous un angle négatif de quelques degrés qui facilite l'introduction de la charge; toutes les manoeuvres exécutées pour ce service au-dessus de la plateforme se font à bras.

Sur les tourelles barbettes des premiers types, le centre de gravité de la masse tournante était très en dehors de l'axe de rotation. C'est sur le "Jauréguiberry" qu'on a réalisé, pour la première fois, des tourelles complètement équilibrées; - la condition d'équilibrer la masse tournante, a été de règle par la suite, non seulement en vue de l'emploi des appareils électriques, mais surtout afin de pouvoir effectuer éventuellement à bras le pointage latéral.

On est revenu actuellement à partir des tourelles de 30 c/m des cuirassés de 23500 tonneaux au chargement par l'arrière, le plus simple. Depuis le "Brennus", les conditions d'installation et de fonctionnement de l'artillerie se sont considérablement modifiées, tout d'abord l'augmentation du tonnage a permis de consacrer un poids plus grand à la partie artillerie, le remplacement de l'obturateur à anneau par l'obturateur plastique qui ne nécessite plus de nettoyage après chaque coup a simplifié le service à l'arrière de la pièce, enfin on est revenu à un emploi plus large d'engins mécaniques pour augmenter la rapidité du tir, ainsi qu'on le verra dans la suite.

Disons également pour terminer cet historique sommaire que les tourelles à fût-pivot sont maintenant abandonnées pour les tourelles barbettes.

La préférence accordée à ces dernières est justifiée par la meilleure protection assurée au matériel tout au moins au-dessus du pont et aussi par ce fait que les réactions dues au tir y sont moindres que dans les tourelles à fût-pivot, le fléchissement du tube de ces dernières donnant lieu à des réactions très violentes du berceau sur les appareils de pointage en hauteur. Les espaces protégés au-dessus de la chambre de tir, plus grands dans la tourelle barbette que dans la tourelle à fût-pivot peuvent être avantageusement utilisés pour le service des munitions et faciliter ainsi les manoeuvres des pièces.

Tourelles multiples.

1°) Tourelles doubles.

On conçoit facilement que le groupement de deux pièces dans une même tourelle conduise à un poids moindre que l'installa-

tion de ces pièces dans des tourelles simples; pour des tourelles
de 16 c/m l'économie de poids est d'environ 30 %.

La surface offerte aux coups ennemis est également notablement réduite. En outre, la disposition par paire permet de donner
à un plus grand nombre de pièces un battage convenable.

Dans une tourelle double, les deux pièces peuvent être
jumelées, c'est-à-dire rendues solidaires de telle sorte qu'elles
soient pointées et tirées par un même servant, ou elles peuvent,
au contraire, être pointées et tirées chacune par un servant.

A la première disposition, on objecte que la mise de feu
n'étant jamais rigoureusement simultanée, l'une des deux pièces se
trouve légèrement dépointée au départ du coup de l'autre; mais il
semble que dans la pratique ce dépointage demeure toujours dans
des limites acceptables.

Par contre, si les pièces sont indépendantes, le départ
d'un premier coup en dépointant la tourelle, oblige le servant de
l'autre pièce à attendre que la tourelle soit pointée à nouveau
pour tirer; il en résulte en général une perte de temps, on a constaté en effet que la rapidité du tir était un peu moins grande avec
des pièces indépendantes qu'avec des pièces jumelées; cependant la
question donne lieu encore à controverse et on prend maintenant
des dispositions permettant d'obtenir à volonté le jumelage ou l'in-
dépendance.

Sur les "Patrie" les canons de 30 c/m sont jumelés, sur
les "Danton", ils sont indépendants, sur les bâtiments de 23500
tonnes, ils peuvent être jumelés ou indépendants.

2°) Tourelles triples.

Les avantages reconnus aux tourelles doubles, au point
de vue de l'économie de poids et de la réduction de la surface de

la cible sont encore plus grands pour les tourelles triples, mais les inconvénients s'accentuent également et, en particulier, le service des pièces devient difficile.

Le poids d'une tourelle triple peut varier entre les 4/3 et les 5/4 d'une tourelle double du même type abritant des canons identiques et les surfaces latérales exposées au feu dans le rapport de 1 à $\sqrt{\frac{4}{3}}$ ou de 1 à $\sqrt{\frac{5}{4}}$, l'avantage des premières sur les secondes est donc marqué.

Il faut remarquer en outre que la plus grande masse de la tourelle triple la rend plus capable de résister aux efforts de percussion dûs aux chocs des projectiles.

Par contre un coup heureux pénétrant dans une tourelle triple mettra hors de service une plus grande fraction de l'armement du navire que dans le cas de la tourelle double; d'autre part la rapidité de tir sera toujours inférieure aux 3/2 de celle de la tourelle double, à chaque coup l'ébranlement de la plateforme, les nuages de gaz chauds sortant de la pièce gênent le pointage des pièces voisines , les perturbations se faisant d'autant plus sentir que la vitesse de tir est plus grande et que les pièces groupées dans le même abri sont plus nombreuses.

L'ébranlement dû au tir d'un des canons latéraux d'une tourelle triple est supérieur à celui causé par un canon identique d'une tourelle double et les déplacements correspondants de la plateforme sont plus grands dans le premier cas que dans le second. On peut évidemment atténuer ces inconvénients par des dispositifs divers, en particulier en plaçant le canon médian à un niveau supérieur à celui des canons latéraux, que l'on rapproche l'un de l'autre, mais cela au prix d'une augmentation de la hauteur de la tourelle.

L'ensemble de ces objections ne paraît pas de nature à mettre en faveur les tourelles triples et des quatre puissances, Italie, Autriche, Russie, Etats-Unis, qui les avaient adoptées en principe, la première déja paraît les avoir abandonnées.

3°) Tourelles à 4 canons.

Tout ce qui vient d'être dit pour les tourelles à 3 canons s'appliquerait avec encore plus de force à des tourelles à 4 canons organisées d'une manière analogue et ne serait pas de nature à en encourager l'adoption. La question change d'aspect heureusement avec la disposition adoptée pour les cuirassés Normandie, disposition dans laquelle on a, non pas à proprement parler une tourelle quadruple, mais plutôt deux tourelles doubles accolées contenant chacune deux pièces jumelles montées sur un même affût.

Le poids total de la tourelle à 4 canons est d'environ les 7/4 d'une tourelle double de même type et les surfaces exposées au feu sont dans un rapport inférieur à 4/3.

D'un autre côté, les dispositions étudiées dans le cas des "Normandie" permettront une rapidité de tir très satisfaisante: pour chaque demi-tourelle un coup double toutes les 30 secondes avec une moyenne des intervalles entre deux coups doubles consécutifs des pièces de chaque demi-tourelle ne dépassant pas 30 secondes, soit au moins 8 coups par minute et par tourelle.

Nous passerons succinctement en revue les dispositions des tourelles modernes de gros calibres.

Tourelles....

§ III - TOURELLES RÉCENTES.

1° - Tourelles à deux canons de 30 c/m, Modèle 93-96 M.
(Type Patrie)

Supports de berceaux.

Les supports de berceaux sont au nombre de trois, boulonnés sur la plateforme de la tourelle; les supports extérieurs sont

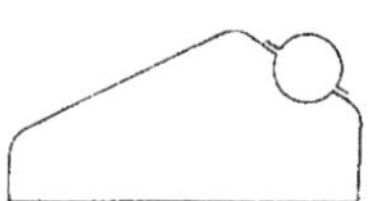

Fig.76

en forme de flasques; le support de milieu commun aux deux berceaux est constitué par deux flasques réunies par une entretoise (fig. 76).

Chaque flasque comporte une sous-bande et uns sus-bande réunies par des boulons. Les tourillons sont tournés à deux diamètres différents, la partie extérieure à plus petit diamètre repose sur une couronne de 8 galets maintenus par une plaque de recouvrement. Pendant le pointage, le portage se fait par le tourillon à petit diamètre sur la couronne de galets. A et effet, un jeu de 1 $^{m/m}$ est ménagé sur une partie de la circonférence entre la partie à grand diamètre du tourillon et l'anneau en acier forgé. Pendant le recul de la pièce, l'appui a lieu par la partie à grand diamètre des tourillons sur une portion A B de l'anneau en acier forgé M tournée sans jeu (fig. 77 et 78).

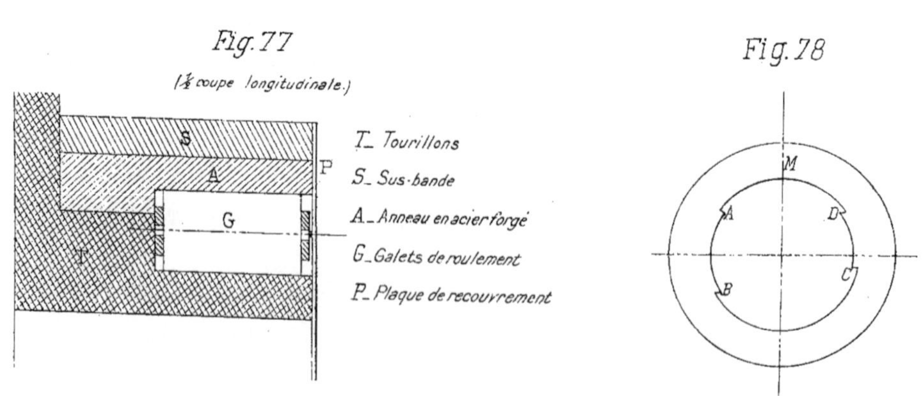

Fig. 77

(½ coupe longitudinale.)

Fig. 78

Berceau.

Chaque berceau est constitué par deux longerons en acier forgé entretoisés à l'avant et à l'arrière et portant des tourillons (fig.79).

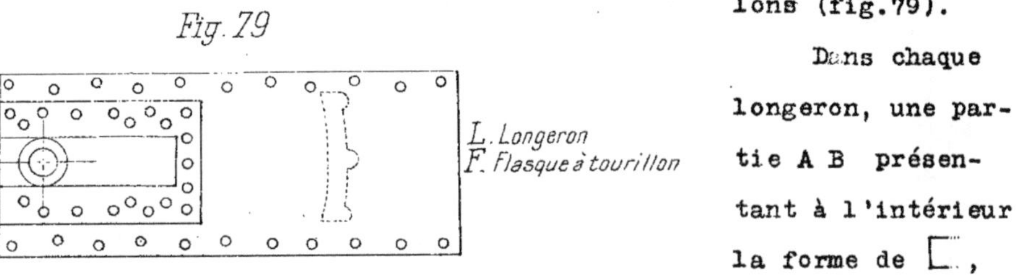

Dans chaque longeron, une partie A B présentant à l'intérieur la forme de ⌐, sert de chemin de roulement aux galets d'un collier portant le canon.

Sur le longeron extérieur de chaque berceau est fixé un arc denté utilisé pour le relevage du canon après chaque coup.

Les longerons sont entretoisés à l'arrière au moyen de 2 pièces en acier moulé symétriques comportant chacune le logement de deux cylindres de frein et de deux récupérateurs, des fourrures en bronze rapportées sur les deux parties de l'entretoise, guident la pièce pendant le recul (fig.80).

Bague d'attache.

La bague d'attache en acier moulé, est vissée sur le canon et maintenue en place par 3 clavettes. Elle porte des encoches dans lesquelles viennent s'engager les tiges des pistons de frein en A et les tiges de récupérateurs en B (fig.81).

Pointage.

les deux pièces sont jumelées, et le pointage en hauteur est effectué, soit électriquement, soit au besoin à bras, par un seul servant placé entre les deux canons, en avant des tourillons, près de la muraille.

Le pointage s'effectue d'une façon continue; cette condition de pointage continu a été imposée à partir de cette époque,

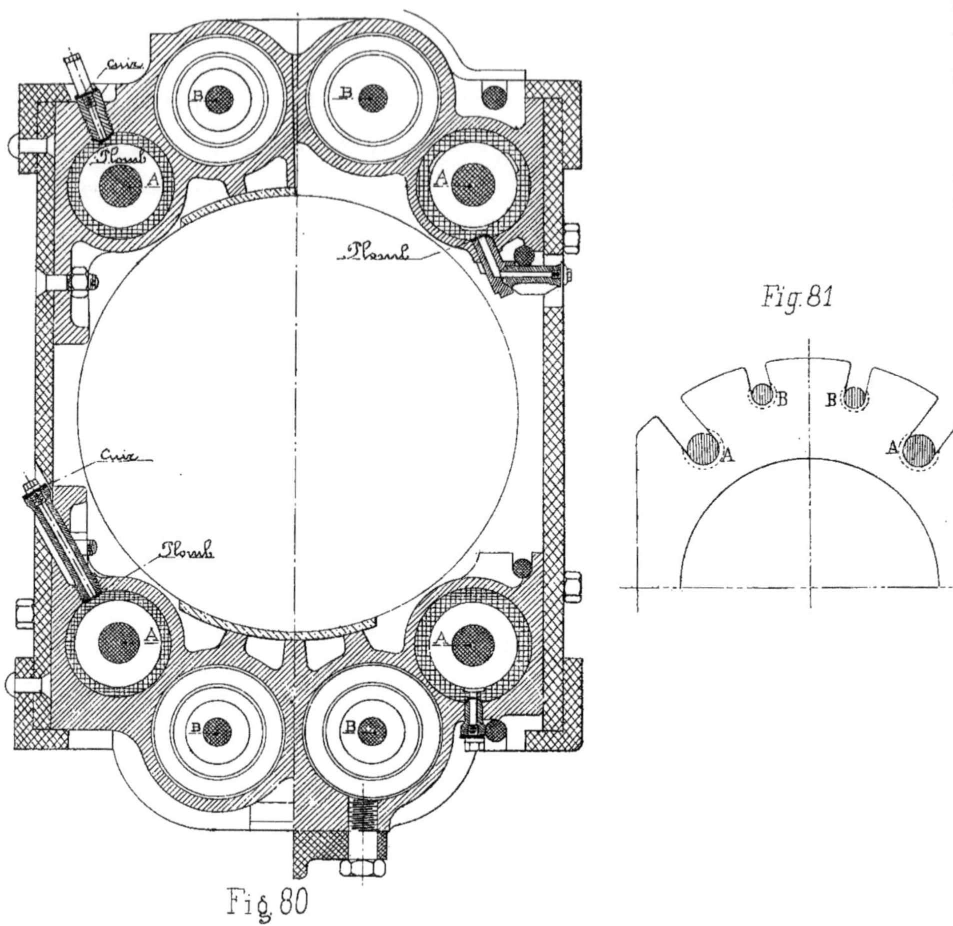

Fig. 80

pour éviter la perte de temps nécessaire, après tout dépointage,
pour la recherche du but. La solution adoptée à cet effet, pour
ces bâtiments, a été la suivante:

Quand le coup est parti, la pièce est détachée de l'appareil de visée pour prendre la position de chargement (- 5°); une
fois chargée, elle est réenclanchée sur l'appareil de visée; le relevage de la pièce n'entraîne pas une perte de temps sensible, par-
ce qu'il s'effectue pendant l'ouverture de la culasse: le plus grave

inconvénient de cette solution est le léger dépointage inévitable au réenclanchement, par suite de l'inertie des masses en jeu.

Le principe du système adopté est le suivant:

La manoeuvre du volant de pointage fait tourner une vis globique placée dans un plan vertical (fig.82).

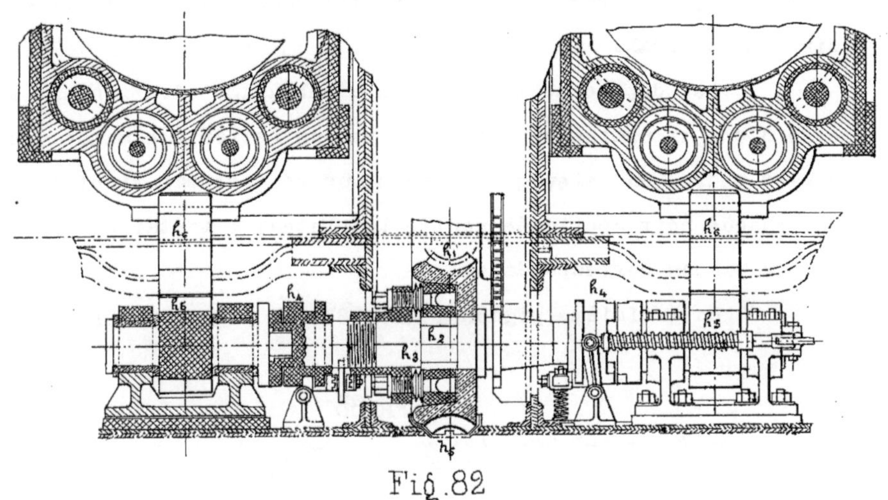

Fig.82

La vis globique met en mouvement une roue hélicoïdale (h_1) folle sur un arbre horizontal transversal dont elle est rendue solidaire par un cône de friction h_2, monté sur une partie à 6 pans; cet arbre transversal est coupé en trois parties qui peuvent être réunies ou séparées à volonté par des embrayages; ces trois parties sont:

1°) une partie centrale h_3 portant la roue hélicoïdale et à ses deux extrêmités deux pièces mobiles d'embrayage h_4;

2°) deux parties extrêmes, constituées chacune par un arbre reposant sur deux paliers portant un pignon h_5 qui engrène avec le secteur denté de pointage h_6 porté par l'entretoise inférieure $\mathbb{R}$ de chaque canon.

Les noix d'embrayage permettent de rendre les arbres extrêmes solidaires de l'arbre central au moyen de deux tenons diamétralement opposés et de dimensions différentes; ces tenons peuvent pénétrer dans des mortaises de forme correspondante portées par un plateau de l'arbre pignon; les pignons ont des rayons tels qu'ils ne peuvent pas tourner d'un tour entier dans toute l'amplitude du pointage vertical.

Les déplacements des noix d'embrayage s'obtiennent au moyen d'une transmission commandée par un levier que manoeuvre le servant chargé du relevage du canon; un ressort maintient constamment chaque noix appliquée contre le plateau à mortaises porté par l'arbre pignon correspondant.

Un troisième pignon p (fig.83) de même rayon primitif que

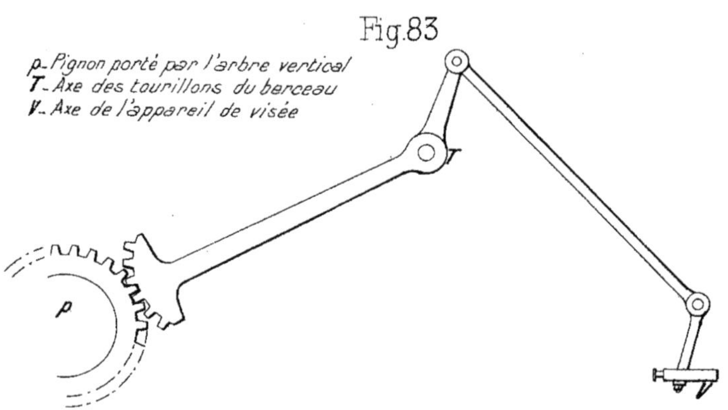

Fig.83

les deux précédents fait corps avec l'arbre central; ce pignon agit sur un secteur denté ayant son centre sur l'axe des tourillons et actionnant l'appareil de visée par l'intermédiaire d'un parallèlogramme

    p pignon porté par l'arbre central

    T axe des tourillons du berceau

    V appareil de visée.

Après chaque coup de canon, l'arbre pignon de la pièce est désembrayé de l'arbre central par le servant chargé du relevage et le canon est amené à sa position de chargement; le pointeur continue à suivre le but; une fois le canon chargé, le servant de relevage abaisse la culasse; la noix d'embrayage pressée par son ressort arrête le mouvement quand les tenons sont en face de leurs mortaises.

Le pointage en direction est effectué par un servant placé avec le chef de tourelle dans le capot.

Chargement.

Les monte-charges arrivent sur le côté extérieur de chaque canon amenant dans la tourelle les projectiles et les trois tiers de gargousse nécessaires pour un coup.

Le monte-charges est déchargé d'un seul coup au moyen d'un rateau à 4 doigts qui viennent s'appuyer: le doigt supérieur sur la pointe du projectile, les autres doigts sur les cocardes des tiers de gargousses (fig. 84); le projectile est ainsi poussé vers l'arrière sur une alvéole de repos inclinée à 5° pour faciliter la manoeuvre, les gargousses sont poussées dans des couloirs placés au-dessous de cette alvéole (fig.85).

L'appareil de chargement est un transbordeur composé d'un basculeur pouvant pivoter

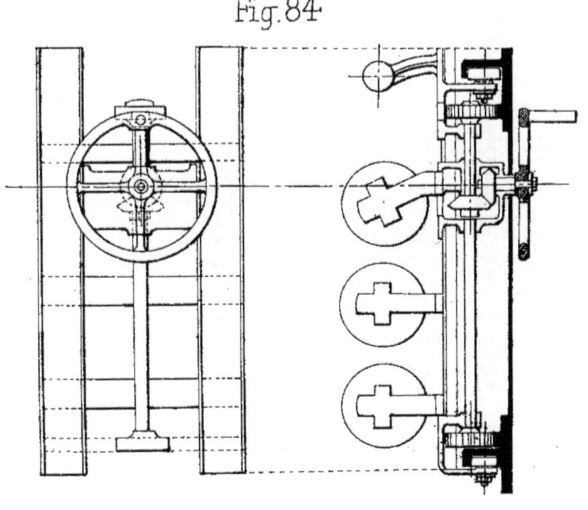

Fig. 84

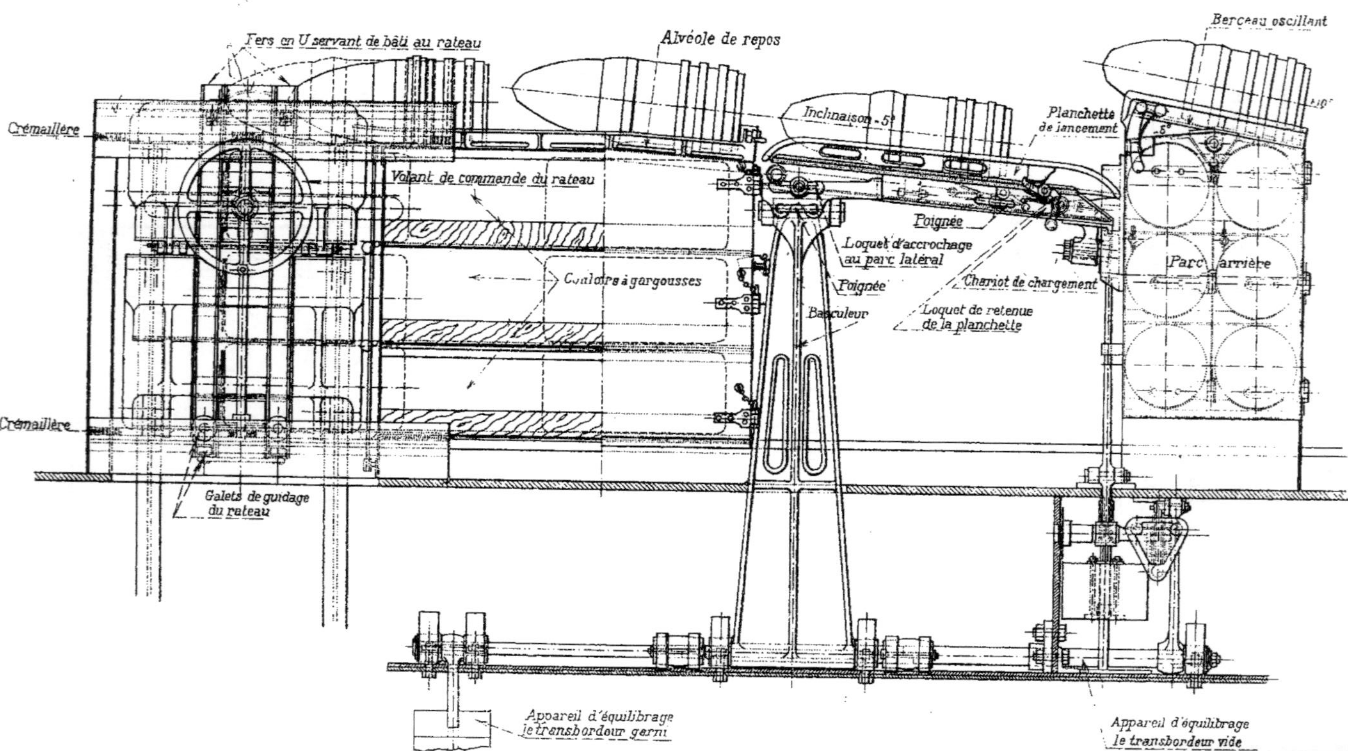

Fig. 85
"PATRIE"
Appareil de chargement
Fers en U servant de bâti au rateau
Alvéole de repos
Berceau oscillant
Crémaillère
Volant de commande du rateau
Inclinaison -5°
Planchette de lancement
Poignée
Loquet d'accrochage au parc latéral
Parc arrière
Couloirs à gargousses
Poignée
Chariot de chargement
Basculeur
Loquet de retenue de la planchette
Crémaillère
Galets de guidage du rateau
Appareil d'équilibrage le transbordeur garni
Appareil d'équilibrage le transbordeur vide

autour d'un axe horizontal parallèle à l'axe de la pièce et d'un chariot de chargement dont l'Æ se déplace, pendant le pivotement du basculeur, dans un chemin guide fixé sur la face Æ du parc arrière; par suite de la forme inclinée du chemin guide, le chariot articulé à l'avant peut passer dans le mouvement de pivotement à l'inclinaison - 5° correspondant à la position de chargement.

Le chargement s'effectue **par lancer de la façon suivante:** Le projectile repose sur le chariot de chargement par l'intermédiaire d'une planchette de lancement; cette planchette de lancement peut rouler sur le chargeur; elle rentre dans la pièce en y portant le projectile (les filets de la vis-culasse, l'anneau obturateur, les ceintures du projectile sont protégés contre tout choc); la planchette de lancement est arrêtée par une butée contre la tranche de culasse; on lance vigoureusement dans la pièce la planchette portant le projectile; après l'arrêt de la planchette, le projectile continue son chemin par inertie jusqu'à sa position de chargement; les gargousses sont placées à la main.

La tourelle comporte des parcs latéraux et des parcs Æ; au début du tir, l'on dispose de 8 coups par pièce dans la tourelle; pour le chargement les projectiles des parcs sont amenés sur le chariot de chargement par roulement et glissement.

Chaque pièce doit pouvoir tirer deux coups par minute.

2° - Tourelles à deux canons de 30 c/m, M^{le} 1906

(Type "Danton")

Supports de berceaux.

Les supports de berceaux sont également au nombre de trois, boulonnés sur la plateforme, deux supports extérieurs, un support milieu.

Les tourillons des berceaux sont évidés et échancrés à

la partie inférieure pour permettre l'appui sur de petits tourillons; l'appui se fait pendant le pointage par ces petits tourillons

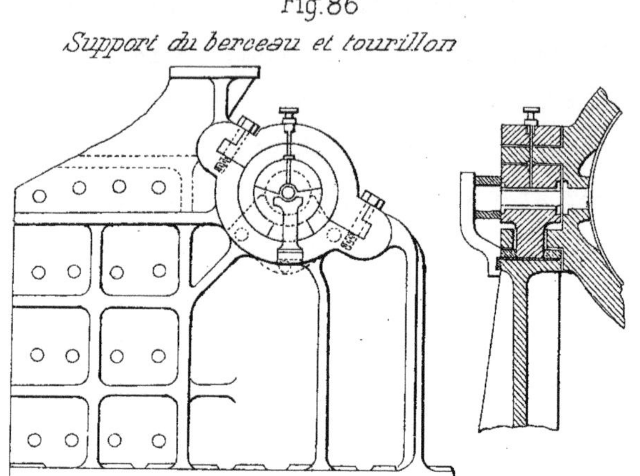

Fig.86

Support du berceau et tourillon

sur un support os-
cillant; au tir,
le support oscil-
lant pivote et
l'appui se fait
par les gros tou-
rillons sur la
sous-bande corres-
pondante; cette
disposition a pour
avantage de réduir

le travail de frottement pendant le pointage (fig.86).

Berceaux.

Chaque berceau est constitué par un cylindre creux, en
acier moulé, renforcé par des nervures extérieures et portant les
deux tourillons venus de fonte.

Le berceau porte également les logements des 4 cylindres
de frein et des 4 récupérateurs, les tiges de piston des cylindres
de frein et les tiges de récupérateurs étant attelées à la bague
d'attache.

Pointage.

Pour permettre la continuité du pointage, les pièces se
chargent sous tous les angles (jusqu'à 8°).

Le pointage en hauteur est effectué, pour chaque pièce,
par un pointeur en hauteur situé du côté extérieur à la pièce; l'appareil de pointage est constitué de la façon suivante: la vis de

pointage à filets carrés traverse un écrou en bronze logé dans un manchon à tourillons, dans lequel l'écrou peut tourner. L'écrou porte à sa partie supérieure un pignon conique, avec lequel engrène un autre pignon conique dont l'axe est monté sur le prolongement des tourillons du manchon; les tourillons du manchon sont portés

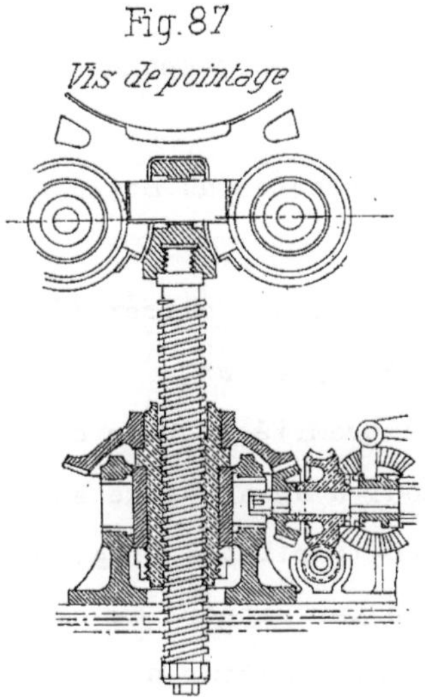

par des paliers fixes; en faisant tourner l'arbre de commande, on fait tourner l'écrou de la vis de pointage; comme cet écrou ne peut pas se déplacer longitudinalement, c'est la vis qui monte ou descend; l'inclinaison de la vis est réglée de façon que son axe soit perpendiculaire à celui de la pièce dans la position moyenne de pointage (fig.87).

Le pointage s'effectue électriquement ou à bras.

Le pointage en direction est effectué, en principe, par un pointeur en direction logé, ainsi que le chef de tourelle, dans le capot de la tourelle.

Chargement.

Pour réaliser le pointage continu, on assujettit l'ensemble solidaire, canon-ligne de mire à suivre constamment les mouvements du but; par suite, pour effectuer le chargement dans une position quelconque de la bouche à feu, il faut que le chargeur puisse décrire dans toute son amplitude un chemin concentrique à celui décrit par la culasse et suivre tous les mouvements du canon à partir du moment où il a rejoint la pièce.

La benne monte-charges, qui arrive des soutes sur le côté

de la pièce (côté extérieur) comporte 3 cases, une supérieure, pour le projectile, deux inférieures pour deux quarts de gargousses chacune:– le monte-charges arrive dans la chambre de tir, vis à vis d'un berceau d'attente qui présente les mêmes dispositions.

Un rateau à trois palettes permet de faire passer d'un seul coup les munitions de la benne monte-charges dans le berceau d'attente comprenant également trois casiers correspondant aux trois cases du monte-charges.

Le chargement du projectile s'effectue au moyen d'un chargeur comprenant essentiellement:

1°) un bras de chargement, articulé par son extrémité N au tourillon extérieur, autour duquel il peut pivoter;

2°) un auget en bronze placé à l'extrémité du bras oscillant et supporté par une console mobile autour d'un axe fixé sur le bras oscillant et perpendiculaire à l'axe des tourillons (fig.88); 4 pignons d'angles égaux, dont l'un est fixé par rapport au bras oscillant, font en sorte que, la console tournant autour de x, y, l'auget reste constamment parallèle à lui-même.

Le bras de chargement est équilibré par un contre-poids ayant pour effet, quand l'auget est vide et ramené sur le côté de la pièce, de relever le bras de chargement; celui-ci vient alors automatiquement se verrouiller à sa position de ravitaillement; dans cette position, l'auget du chargeur est dans le prolongement du casier supérieur du berceau d'attente. Le projectile est poussé, de ce casier, dans l'auget du chargeur, au moyen d'une sorte de doigt; en ramenant ce doigt vers l'avant, on déverrouille le bras qui s'abaisse automatiquement et s'enclanche au berceau lorsqu'il le rejoint; il suit dès lors tous les mouvements de pointage.

Un modérateur de vitesse, constitué par un cylindre hydraulique dont la tige est reliée au bras de chargement amortit les

Fig. 88

Axe des tourillons
Bras oscillant s'enclenchant soit avec le caisson du monte-charge soit avec le berceau
Auget-planchette
4 pignons égaux
Bras oscillant
x
y
Canon
Caisson des monte-charge
Auget formant planchette

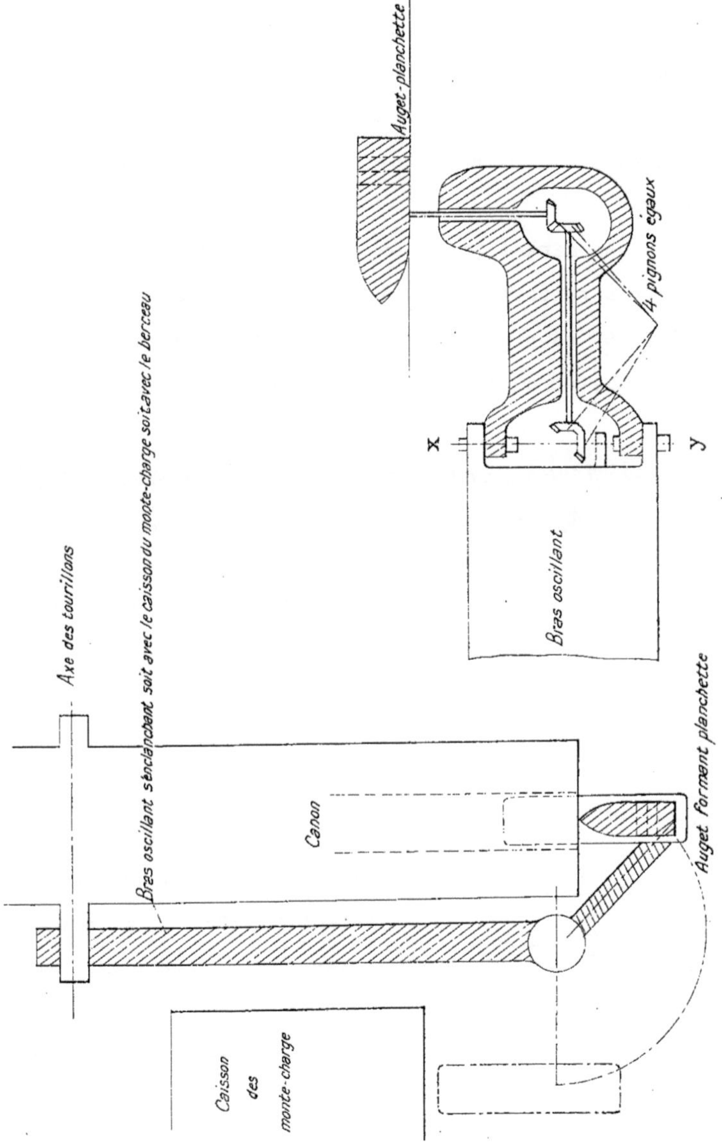

chocs à la montée et à la descente; par suite, et en raison aussi de la masse relativement faible du chargeur, il ne se produit pas de déréglage sensible de la pièce, lors de son enclanchement au berceau.

Une fois le chargeur enclanché au berceau, l'auget portant le projectile est amené électriquement (ou à bras) derrière la pièce.

La mise à poste du projectile est obtenue au moyen d'un refouloir à ressort, pouvant envoyer, jusque sous l'angle de pointage de + 8°, le projectile à sa position de chargement.

Le refouloir à ressort est constitué par un bras parallè

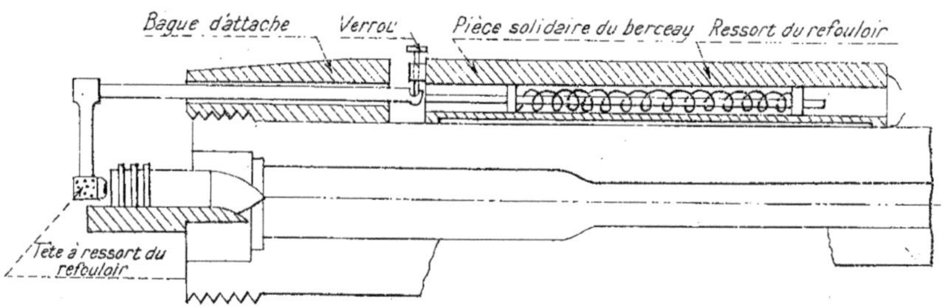
Fig. 89

Refouloir mécanique des cuirassés Edgar-Quinet & Danton.

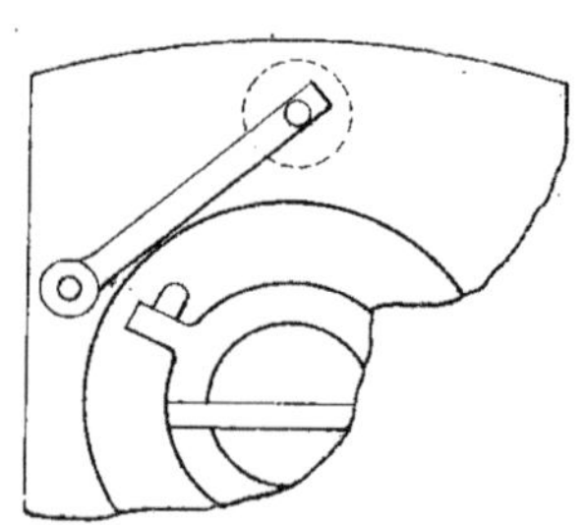

à l'axe de la pièce et un bras mobile dans un plan perpendiculaire à cet axe portant la tête du refouloir (fig. 89). Ce dernier occupe normalement une position oblique par rapport à la verticale, de façon à permettre la manoeuvre de la culasse; il ne s'abaisse pour le refoulement qu'après l'arrivée derrière la pièce de l'auget portant le projectile.

Le grand bras de refouloir, parallèle à l'axe porte les

ressorts de refoulement; il est disposé comme une tige de récupérateur, avec cette différence qu'il n'est pas fixé à demeure à la bague d'attache; celle-ci l'entraîne au recul, mais, dès le commencement de la rentrée en batterie, un verrou porté par le berceau
vient enclancher le bras, maintenant ainsi les ressorts bandés. Un
levier permet de désenclancher le verrou pour le chargement du projectile.

Les gargousses sont chargées à l'aide d'un petit refouloir à main.

L'approvisionnement de chaque pièce comprend 81 projectiles dans les soutes et 4 dans les parcs de tourelles; la manoeuvre exige 18 servants pour les deux pièces; chaque pièce peut tirer deux coups par minute.

<u>Tourelles barbettes et tournantes
pour pièces de 16, 19 et 24 c/m</u>.

Les premières tourelles adoptées pour la protection de
l'artillerie moyenne étaient à fût pivot; ces tourelles ne diffé-
raient de celles de gros calibres qu'en ce fait que l'appui supérieur se faisait sur le tube cuirassé lui-même et non pas sur une
assise indépendante; cette disposition prêtait à de nombreuses cri-
tiques; en outre, il semblait excessif d'adopter pour la protection
d'une pièce d'artillerie moyenne une installation aussi compliquée
que celle d'une tourelle à fût pivot.

Aussi, à partir de 1897, on eut recours aux tourelles
barbettes, avec chambres-relais, d'abord fixes, puis mobiles avec
la plateforme.

Tourelles doubles....

Artillerie (8ᵉ Cahier)

Tourelles doubles de 19 c/m des croiseurs "Léon Gambetta", de 16 c/m des "Léon Gambetta" et "Patrie".- Tourelles simples de 19 c/m des types "Démocratie".

Dans les tourelles doubles, le monte-charges partant des soutes est à deux bennes équilibrées, chacune portant deux coups complets; les projectiles sont disposés sur des planchettes oscillantes prenant naturellement la position verticale quand elles portent le projectile, mais pouvant être rendues horizontales; les gargousses sont placées verticalement au-dessous des projectiles.

A l'arrivée dans la chambre-relais, la benne est rendue solidaire de la plateforme tournante; les planchettes portant les projectiles sont basculées et les projectiles sont roulés sur des berceaux de déchargement horizontaux, les gargousses sont enlevées à la main.

Les projectiles sont hissés dans la chambre de tir à l'aide d'un treuil; les gargousses sont passées à la main par des trous percés dans la plateforme.

Dans les tourelles simples de 19 c/m, type "Démocratie", les dispositions sont semblables, sauf que la benne inférieure est unique, portant deux coups complets.

Dans les tourelles de 16 c/m, le chargement se fait à bras sous tous les angles.

Le chargement des pièces de 19 c/m se fait au moyen d'un basculeur et d'un chariot de chargement avec planchette de lancement analogue au système décrit pour les 30 c/m des "Patrie".

Les pièces de 19 c/m des tourelles doubles du "Léon Gambetta" sont rendues, pour le chargement, indépendantes de l'appareil de visée.

<u>Tourelles tournantes de l'"Edgar-Quinet" (19 c/m) et des "Danton"</u>
<u>(24 c/m) (Tourelles doubles).</u>

On a réalisé un progrès considérable dans la manoeuvre des munitions en disposant celles-ci, par coup complet, sur des berceaux articulés à axe de rotation horizontal et superposés ; le berceau du haut porte les projectiles, ceux du bas portent les gargousses; la manoeuvre d'un seul levier fait basculer les berceaux autour de leurs axes et permet de décharger simultanément projectiles et gargousses sur des berceaux voisins.

Dans les tourelles de 19 c/m de l'"Edgar-Quinet", le monte-charges qui amène les munitions dans la chambre de tir (un par pièce pour les tourelles doubles) est également à berceaux articulés; son déchargement dans la chambre de tir s'effectue également par la manoeuvre d'un levier sur un berceau d'attente.

Dans les tourelles de 24 c/m des "Danton", le monte-charges comporte trois casiers ordinaires; son déchargement s'effectue au moyen d'un rateau analogue à celui employé dans les tourelles de 30 c/m des "Patrie" et des "Danton".

Ces pièces de 19 et de 24 c/m se chargent sous tous les angles (jusqu'à 8°) au moyen d'un chargeur et d'un refouloir à ressort analogues à ceux décrits précédemment pour les 30 c/m des "Danton".

<u>Tourelles barbettes pour 2 canons de 30 c/m</u>
<u>des cuirassés de 23500^T.</u>

<u>Affûts et berceaux.</u>

Les berceaux à tourillons sont en acier moulé; ils portent les freins au nombre de quatre et le récupérateur à air comprimé qui assure la rentrée en batterie.

La bague d'attache en acier moulé est fixée à l'AR du canon; elle est, comme pour les pièces précédentes, garnie de plomb
destiné à équilibrer l'ensemble canon-berceau par rapport aux tourillons de ce dernier et porte les attaches des tiges de frein et
des récupérateurs.

Le berceau porte, en outre, l'appareil de manoeuvre de
la culasse (électrique et à bras) ainsi que le refouloir à chaîne
et son moteur électrique.

Pointage.

Le pointage en hauteur de chaque canon comporte un moteu
électrique actionnant, par l'intermédiaire d'un appareil Janney,
et d'une transmission par engrenages, une vis attelée directement
au berceau. Le moteur électrique est mis en route, l'appareil Janney étant au zéro, et tourne à une vitesse sensiblement constante.

Les variations de vitesse, les changements de sens et le
arrêts sont obtenus par le Janney qui est commandé par le pointeur
en hauteur au moyen d'un volant disposé verticalement.

Ce volant fait trois tours pour passer de la position de
repos à la vitesse maximum dans un sens ou dans l'autre. Ce même
volant peut servir éventuellement à la manoeuvre à bras du pointage en hauteur; des manchons d'embrayage sont disposés en conséquence.

Les deux pièces de chaque tourelle sont complètement indépendantes comme pointage en hauteur, mais des manchons d'embrayage permettent de jumeler les pièces et de les commander par un quelconque des moteurs électriques et de son Janney, soit du poste de
pointage correspondant, soit de l'autre, soit des deux simultanéme.

Le pointage en direction s'effectue également au moyen

d'un appareil électrique par l'intermédiaire d'un appareil Janney. Le pointeur en direction est placé dans l'axe et sur l'avant de la tourelle.

Ravitaillement et chargement.

Le ravitaillement est à deux temps et comporte un stade intermédiaire dans une chambre-relais. Deux monte-charges hissent les munitions des fonds à la chambre-relais; il y a deux chambres de distribution, une pour chaque canon, chacune de ces chambres est à un étage différent.

Chaque benne du monte-charges porte une charge complète et est constituée par trois augets saillants. L'auget inférieur reçoit le projectile, et chacun des deux augets supérieurs deux quarts de gargousses.

A son arrivée dans la chambre-relais, la voie-guide de la benne monte-charges est courbée de manière que cette dernière s'incline vers l'AR à sa position extrême. A cet instant et par la mise en action d'un levier, les augets de la benne basculent autour de leur axe et déversent leur contenu dans un relais fixe intermédiaire formé par trois berceaux fixes; les éléments de la charge sont poussés à la main, de ces berceaux, dans la benne qui doit lever la charge à l'arrière du canon. Ce mouvement est facilité par l'inclinaison du système des berceaux et des augets correspondants de la benne.

Cette dernière se meut dans des guides qui, dans la chambre de tir, sont concentriques aux tourillons. Un système de compensation, à contre-poids, assure au câble de hissage une longueur constante, dès que la benne est arrivée à poste, derrière le canon (fig.90).

L'organisation de ce système est, à cet effet, la suivante:

Fig. 90

Dispositif de chargement des tourelles de 30% des 23500 tonnea

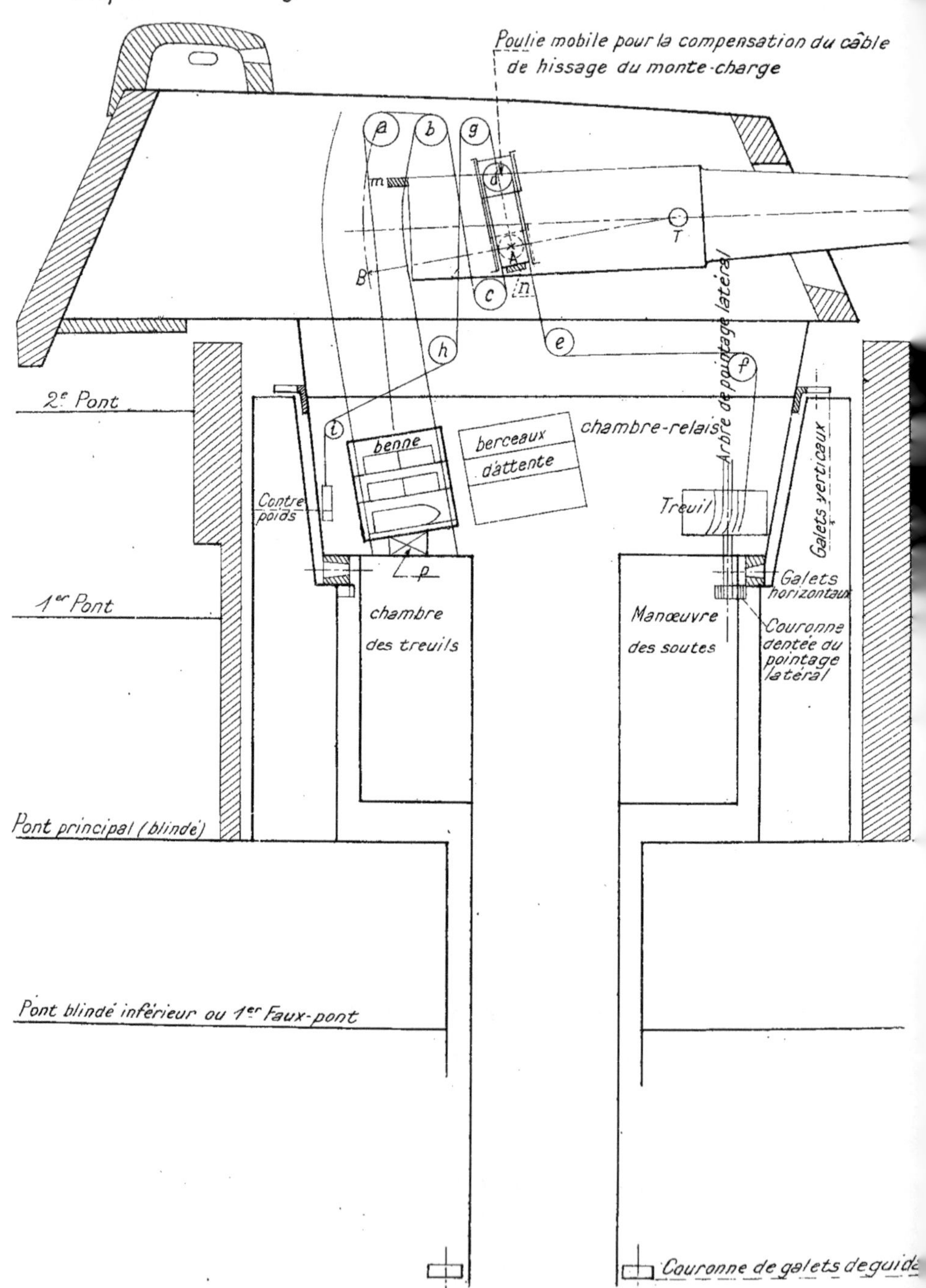

<u>Commande de la benne élevant les munitions de la chambre-relais au canon.</u>

Le câble de hissage passe sur les poulies a, b, c, d, e, f; il aboutit à un treuil situé dans la chambre-relais et mû à bras ou électriquement.

Les poulies a, b, c, e, et f dont les axes sont supportés par des tôleries boulonnées sur la plateforme sont fixes.

La poulie d est portée par une chape mobile dans une coulisse rectiligne boulonnée sur la plateforme. Cette chape est constamment tirée vers le haut par un câble passant sur les poulies g, h, i, et supportant un contre-poids placé dans la chambre-relais.

La moyenne des distances A T du chemin rectiligne suivi par la chape de la poulie d à l'axe des tourillons du berceau est égale à la moitié de la distance B T du même axe au chemin circulaire suivi par le point d'attache du câble à la benne.

La bague d'attache porte un butoir m arrêtant la benne dans son mouvement d'élévation, et le berceau, un butoir n limitant le mouvement de descente de la chape de la poulie d.

Une butée p arrête la benne à sa descente dans la chambre.

<u>Fonctionnement du système.</u>

a) Hissage de la benne; l'action du treuil a, tout d'abord, pour effet d'abaisser la chape de la poulie d en élevant le contre-poids, jusqu'à ce que cette chape prenne appui sur le butoir n fixé au berceau. La traction du treuil hisse ensuite la benne qui a un poids plus élevé, jusqu'à ce qu'elle vienne en contact avec le butoir m fixé sur la bague d'attache.

A ce moment, le courant du treuil électrique est coupé par une commande portée par la bague d'attache; la distance A T étant sensiblement la moitié de la distance B T, la longueur du

câble enroulée sur le treuil sera constante quel que soit l'angle
de pointage du canon.

b) Suspension de la benne au canon pendant le chargement.

Dans les mouvements du pointage du canon qui s'effectue
pendant le chargement, les butoirs m et n pressant, l'un sur la
benne, l'autre sur la chape de la poulie mobile d, agissent sur l
câble qui porte la benne, de telle sorte que, pendant ces mouvements, la benne et la chape restent toutes deux appuyées sur leur
butoirs. La benne conserve donc une position invariable par rapport à la culasse.

c) Descente de la benne.

Le treuil, en déroulant le câble, détermine la dascente
de la benne jusqu'à ce qu'elle repose sur le butoir p, puis la mo-
tée de la poulie d sous l'action du contre-poids, jusqu'à ce que
ce dernier repose sur le plancher de la chambre-relais; la benne
et la poulie sont dès lors rendues indépendantes des mouvements d
canon.

La benne, dans son mouvement d'ascension, rabat dans l'
crou de culasse une planchette de chargement articulée à l'arrièr
et à la partie inférieure de la bague d'attache.

Le chargement du canon est opéré par le refouloir à chaî
ne; c'est une chaîne articulée ne pouvant se plier que dans un se
sens, de manière à rester rigide pendant le chargement.

La tête du refouloir, après mise à poste du projectile,
déclanche au retour les palettes retenant les deux gargousses sup
rieures qui descendent sur l'auget inférieur. En même temps les
deux gargousses placées à l'étage le plus élevé prennent la place
des précédentes.

A la course suivante, la même manoeuvre se produit pour
le refoulement des deux dernières gargousses.

Tourelles pour 4 canons de 34 c/m des cuirassés
type "Normandie" (fig.91).

Les 4 canons sont groupés par deux dans un même berceau, se pointant et tirant en même temps. Les deux paires ainsi constituées sont séparées par une cloison axiale en tôle de 40 m/m d'épaisseur formant pare-éclats et partageant la chambre de tir en deux parties distinctes, ayant chacune ses monte-charges et son parc, et dans chacune desquelles les opérations de chargement, de pointage en hauteur, de mise de feu, etc...., s'opèrent indépendamment.

Les 4 canons ont leurs axes parallèles dans un même plan horizontal.

Les 2 canons d'un même bord peuvent tirer, soit simultanément (cas général), soit individuellement, en cas d'avarie d'une des deux pièces. Des sécurités sont prévues, pour empêcher le tir simultané des 4 pièces de la tourelle; celle-ci est cependant calculée pour pouvoir résister, si cette éventualité se produisait accidentellement.

La cloison en tôle qui sépare en deux parties la chambre de tir se subdivise, à l'avant, en deux cloisons de 25 m/m laissant entre elles la place nécessaire pour l'installation du poste de pointage en direction. La plateforme est du même type que celle des tourelles des "Jean Bart" et des "Bretagne". Elle constitue avec la chambre-relais, qui fait corps avec elle, un ensemble qui repose, à la partie inférieure, sur une couronne de galets tronconiques et est centré, à la hauteur du plafond de la chambre-relais, par un guidage avec galets à montage élastique.

Berceau.

Le système de berceau et de bague d'attache est celui employé dans les tourelles des bâtiments précedents. Le berceau de

Fig. 91

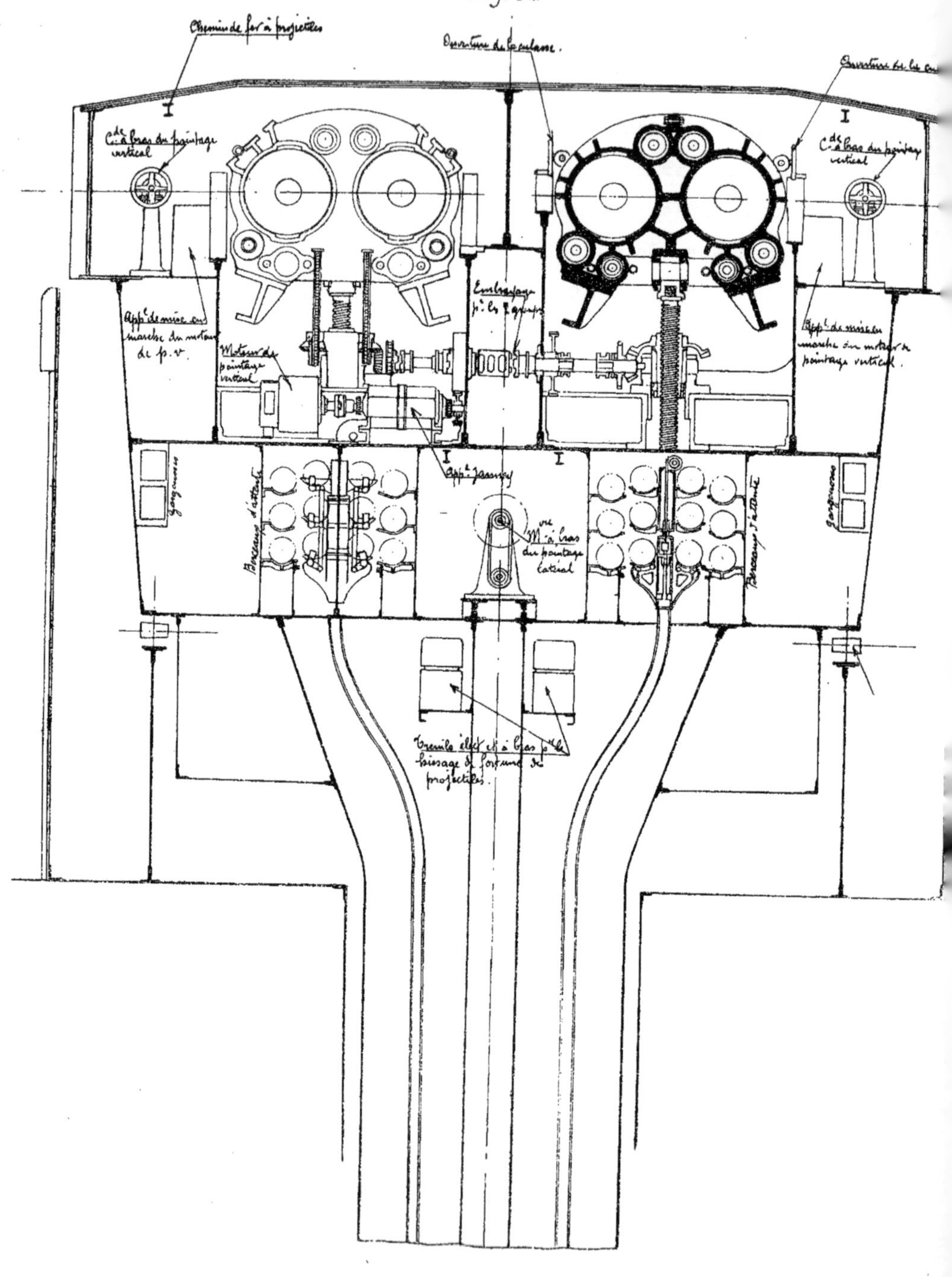

chaque canon comporte deux freins, un récupérateur, un refouloir à chaîne et un appareil de manoeuvre de culasse électrique et à bras comme dans les tourelles des cuirassés de 23500^{tx}.

Les deux berceaux d'un même groupe sont reliés très solidement ensemble par des boulons qui doivent par des dispositions spéciales permettre un léger décalage d'un canon par rapport à l'autre pour établir l'accord des hausses et assurer, après l'établissement de cet accord, une invariabilité parfaite de la liaison.

<u>Pointage.</u>

Chaque groupe de deux pièces a un appareil de pointage en hauteur distinct comportant une forte vis commandé normalement par un moteur électrique et un Janney. Les deux appareils peuvent être jumelés au moyen d'un embrayage de façon à permettre le pointage en hauteur des 4 pièces par l'un ou l'autre des postes de pointage.

L'ensemble des appareils de pointage en direction est installé dans la chambre-relais. Il comporte un moteur électrique actionnant, par l'intermédiaire d'un appareil Janney et d'une transmission, deux systèmes de roues et vis sans fin avec frictions portant les pignons qui engrènent avec la circulaire dentée, venue de forge avec le chemin de roulement inférieur des galets horizontaux. Une manoeuvre à bras, prévue pour dix hommes, permet de faire tourner la tourelle en cas d'avarie à la commande mécanique.

<u>Approvisionnement.</u>

Les soutes desservant les 4 canons de chaque tourelle forment deux étages, l'étage inférieur réservé aux projectiles, l'étage supérieur aux poudres. La soute à projectiles forme en même temps chambre de distribution; pour les poudres , au contraire, la soute est distincte de la chambre de distribution.

Le tube tournant descend directement dans les chambres de distribution.

Des fonds à la chambre relais existent deux monte-charge un pour chaque paire de canons montant à la fois les deux projecti les et les 8 quarts de gargousses correspondant au chargement des deux pièces d'un même bord. Les treuils électriques qui les action nent sont dans une chambre située au-dessous de la chambre relais et tournant avec la tourelle.

Chaque monte-charges comprend une benne à projectiles à laquelle est attaché le câble de hissage et une benne à gargousses A la descente, celle-ci s'arrête à l'étage des poudres, tandis que la benne à projectiles descend jusqu'à l'étage inférieur. A la montée cette dernière enlève au passage la benne à gargousses.

Les projectiles sont amenés aux monte-charges dans la soute pour une position quelconque de la tourelle au moyen d'un chariot transbordeur double pouvant à la façon ordinaire tourner autour du tube de la tourelle et être rendu solidaire soit du tube, soit des berceaux d'attente placés en regard des débouchés des monte-charges, soit de la coque devant un point quelconque du parc à obus.

Les postes d'attente sont montés à rotation permettant deux positions: l'une rayonnante pour l'approvisionnement par le chariot transbordeur, l'autre parallèle à l'axe longitudinal de la tourelle pour l'approvisionnement des monte-charges.

Tous les augets, les parcs des monte-charges, etc..., sont inclinés à 15° sur l'horizontale de manière que les projecti-les puissent passer par simple glissement d'un poste sur l'autre.

Dans les soutes à poudres, quatre gouttières à galets

rayonnantes permettent d'amener les gargousses dans la chambre de distribution en 4 points placés sensiblement à 90° l'un de l'autre. Deux gouttières à galets, superposées et concentriques à la tourelle, sont disposées pour recevoir les gargousses venant des soutes. A l'intérieur de ces gouttières tourne une plateforme fixée au tube de la tourelle et sur laquelle sont embarqués les servants chargés d'approvisionner les postes d'attente des monte-charges.

Pour chaque monte-charges, l'un des postes, celui extérieur, est disposé pour que les gargousses passent par simple basculement dans la benne; l'autre, qui sert à l'approvisionnement des augets intérieurs, est disposé pour que les gargousses passent par glissement dans la benne; ce dernier poste est pourvu de galets pour faciliter la manoeuvre.

La chambre-relais est complètement isolée de la chambre de tir, de façon à être protégée contre les retours de flamme. Les panneaux d'accès ou les ouvertures sont fermés par des tapes. Les ouvertures pour le passage des munitions, pratiquées dans le caisson qui reçoit les bennes de la chambre de tir, sont fermées par un volet. Celui-ci s'ouvre automatiquement quand les bennes arrivent en bas de course, et celles-ci ne peuvent commencer leur ascension qu'après fermeture des volets. Quand les volets sont ouverts l'étanchéité est établie par les bennes.

Les parcs de la tourelle sont desservis par un chemin de fer permettant de les approvisionner en passant les projectiles par le panneau d'accès à la chambre-relais. Il permet éventuellement le transport des projectiles du parc d'un groupe de pièces au parc de l'autre groupe.

§ IV ....

§ IV - AFFUT A BERCEAU POUR ABRI BLINDÉ.

Le support de berceau dans les affûts d'abri blindé est constitué généralement par deux flasques en acier dans lesquels

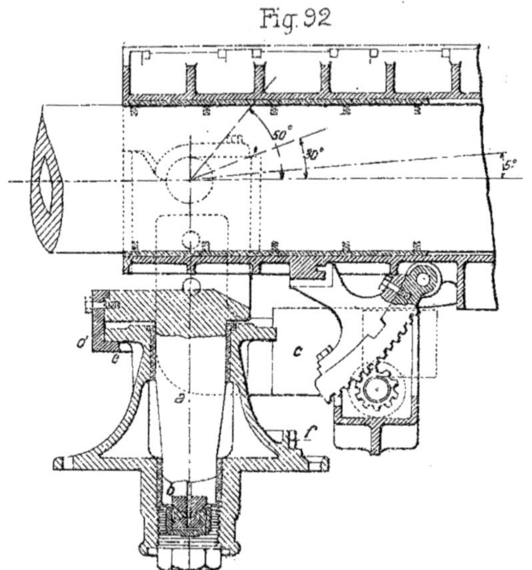

sont pratiqués les encastrements de tourillons, et qui font corps avec un long pivot a engagé dans une sellette et y reposant par l'intermédiaire de grains b (fig. 92) ou d'un pivot à billes sur support élastique comme dans les modèles les plus récents (affût de 14 c/m des cuirassés de 23500 tx et suivants). Dans ce dernier cas des galets de dégauchissement et des galets de centrage, montés sur ressorts, guident le support d'affût sur la sellette. Un léger jeu est alors laissé entre ces deux parties et au tir par suite du fléchissement des ressorts, l'appui se fait directement du support sur la sellette.

La sellette en acier boulonnée sur une sous-sellette forme crapaudine, elle est munie d'une embase très large de façon à réduire au minimum le travail au tir du métal de la sous-sellette.

Sur la sous-sellette est fixée la couronne dentée de pointage en direction sur laquelle engrène un pignon porté par les bras c fixés au support du berceau. Ce pignon commandé par une transmission par roue et vis sans fin et comportant un dispositif d'entraînement par friction sert au pointage latéral de l'affût.

Les mêmes parties essentielles figurent également dans la transmission de pointage vertical; la rotation d'une vis sans fin entrainant une roue hélicoïdale qui engrène avec l'arc denté fixé à la partie inférieure du berceau et commande les pouvements de pointage en hauteur.

Les berceaux des affûts de 14 c/m des cuirassés récents possèdent un cylindre de frein et deux récupérateurs à ressort; pour la facilité du pointage, ils présentent un dispositif de petits tourillons avec support oscillant semblable à celui des pièces de gros calibres.

Des appareils de mise à l'angle et déplacement sans lecture de la hausse et de la dérive, manoeuvrés par flexibles sont installés sur ces affûts.

Ajoutons que ces affûts sont du type dit "à grand masque" alors que les modèles qui les ont précédés étaient à "petit masque". Dans ceux-ci le masque est composé de deux demi-tambours en acier reposant sur le support du berceau par des attaches en acier; dans les nouveaux affûts, au contraire, le masque est relié par un double platelage à la plateforme tournante, de la même façon que, dans une tourelle, le cuirassement mobile est réuni à la plateforme.

L'un de ces masques n'est réellement qu'un bouclier, alors que l'autre constitue déjà un cuirassement rappelant la tourelle, on conçoit donc facilement que l'organisation des deux types d'affûts sur lesquels nous ne pouvons nous étendre ici en détail, soit essentiellement différente.

§ V . . . .

§ V - MATÉRIEL DE PETIT CALIBRE.

La figure 93 représente une coupe transversale du support de berceau et de la sellette des affûts de 47 et de 65 Mle 1902. Ces affûts sont à peu près identiques.

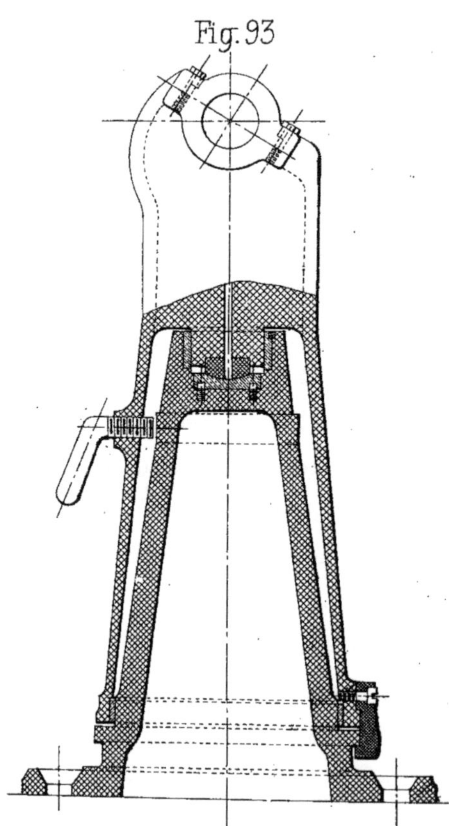

Le berceau est cylindrique, il comporte à la partie inférieure deux cylindres de frein pour le 65, un pour le 47; les récupérateurs sont logés dans les cylindres de frein et prennent appui, à l'avant entre les têtes des pistons, à l'arrière contre les fonds des cylindres.

Le berceau est muni de petits tourillons sur support oscillant de façon à faciliter le pointage vertical qui s'effectue à l'épaule, ainsi d'ailleurs que le pointage en direction, au moyen d'une crosse solidaire du berceau.

Le canon de 75 qui constitue l'armement secondaire des cuirassés type "Danton" est semi-automatique, la culasse s'ouvre automatiquement après le départ du coup en éjectant la douille;

après l'introduction de la charge, la fermeture de la culasse et la mise de feu sont également obtenues automatiquement.

Le pointage ne peut plus ici être obtenu directement à l'épaule, des organes de manoeuvre sont nécessaires.

Table des Matières

Chapitre I

Notions préliminaires et Historique sommaire

Chapitre II

Balistique extérieure - Tir des bouches à feu

Chapitre III

Explosifs et Balistique intérieure

Chapitre IV

Bouches à feu et Charges

Chapitre V

Projectiles

§ VI ....

Chapitre VI

Affûts - Réactions au tir.

Chapitre VII

Installation de l'Artillerie à bord

9 782014 434286